出動《しゅつどう》！災害救助犬《さいがいきゅうじょけん》トマト

新潟《にいがた》の人々《ひとびと》とペットを救《すく》った名犬物語《めいけんものがたり》

池田《いけだ》まき子《こ》

……もくじ……

1　行方《ゆくえ》不明《ふめい》のおばあさんを救出《きゅうしゅつ》

五月《ごがつ》のある朝《あさ》。

「トマト、おはよう」

飼《か》い主《ぬし》の西方真《にしかたまこと》さんが、足早《あしばや》に階段《かいだん》を降《お》りてきました。ジャーマン・シェパードのトマトは、一階《いっかい》に置《お》かれたケージの中《なか》で眠《ねむ》っています。まだ朝《あさ》の三時半《じはん》。トマトは目《め》を覚《さ》ましたものの、眠《ねむ》そうです。

けれども、西方《にしかた》さんの姿《すがた》を見《み》た途端《とたん》、トマトの表情《ひょうじょう》が変《か》わりました。黄色《きいろ》のレスキュー服《ふく》をまとい、黒《くろ》のブーツをはいた西方《にしかた》さんに、トマトの目《め》は大《おお》きく見開《みひら》かれ、キラキラと輝《かがや》いています。

「トマト、出動《しゅつどう》だ。今日《きょう》もしっかり頼《たの》むぞ」

「了解《りょうかい》！　こっちは、いつだってだいじょうぶ」とでも言《い》いたそうに、トマトの耳《みみ》がピンと立《た》ち上《あ》がりました。これから何《なに》をすればいいのか、わかっているのです。

準備《じゅんび》を整《ととの》え、西方《にしかた》さんとトマトはワゴン車《しゃ》に乗《の》り込《こ》みました。救助《きゅうじょ》に必要《ひつよう》な道具《どうぐ》は、普段《ふだん》から車《くるま》の中《なか》に積《つ》んであります。助《たす》けを待《ま》っている人《ひと》のため、一分《いっぷん》でも、一秒《いちびょう》でも早《はや》く出動《しゅつどう》できるように整《ととの》えてあるのです。

西方《にしかた》さんは、車《くるま》のアクセルを踏《ふ》み込《こ》みました。街《まち》の中《なか》は静《しず》けさに包《つつ》まれたまま、まだ動《うご》き出《だ》していません。透《す》きとおった空気《くうき》が、胸《むね》の奥深《おくふか》くまでしみ込《こ》んできました。

＊　＊　＊

西方《にしかた》さんの携帯電話《けいたいでんわ》に連絡《れんらく》が入《はい》ったのは、前《まえ》の晩《ばん》の十時《じ》ごろ。新潟県糸魚川市《にいがたけんいといがわし》で行方不明《ゆくえふめい》になった人《ひと》を捜《さが》す捜索隊《そうさくたい》からでした。

その日《ひ》の朝早《あさはや》く、タケノコ採《と》りに出《で》かけた七十九歳《さい》のおばあさんが、午後《ごご》になっても帰《かえ》らず、心配《しんぱい》した家族《かぞく》が警察《けいさつ》に連絡《れんらく》をしたのが午後《ごご》四時《じ》。警察《けいさつ》と消防署《しょうぼうしょ》の捜索隊《そうさくたい》と消防団《しょうぼうだん》が捜《さが》しましたが、見《み》つかりませんでした。

捜索隊《そうさくたい》の人数《にんずう》を増《ふ》やし、夕方《ゆうがた》からはおよそ二百人《ひゃくにん》で付近《ふきん》をくまなく捜《さが》しましたが、足跡《あしあと》さえ見《み》つかりません。

この時期《じき》、昼《ひる》は日《ひ》なたであればポカポカと暖《あたた》かいものの、夜《よる》になると気温《きおん》が急《きゅう》に下《さ》がり、かなり冷《ひ》え込《こ》んできます。山《やま》の夜《よる》は、さらに寒《さむ》く感《かん》じられるでしょう。厚手《あつで》の衣類《いるい》は持《も》っていないようなので、事態《じたい》は深刻《しんこく》です。

「明日《あした》の朝《あさ》、救助犬《きゅうじょけん》チームの出動《しゅつどう》をお願《ねが》いしたいのですが、いかがでしょうか」

「承知《しょうち》しました。メンバーを集《あつ》め、できるだけ早《はや》く伺《うかが》います」

西方《にしかた》さんはさっそく、チームのメンバー全員《ぜんいん》に連絡《れんらく》し、次《つぎ》の日《ひ》の朝早《あさはや》く、出発《しゅっぱつ》することにしました。

捜索隊《そうさくたい》ははじめ、おばあさんが七十九歳《さい》であることから、すぐに発見《はっけん》できると考《かんが》えたようです。けれども、人数《にんずう》を増《ふ》やし、捜《さが》す範囲《はんい》を広《ひろ》げても、何《なん》の手《て》がかりもありません。そして、とうとう夜《よる》を迎《むか》えてしまったのです。

そこで、新潟県十日町市《にいがたけんとおかまちし》にある「災害救助犬十日町《さいがいきゅうじょけんとおかまち》」チームに、救助《きゅうじょ》の応援《おうえん》を求《もと》めてきました。県内各地《けんないかくち》で活動《かつどう》をしていて、遭難者《そうなんしゃ》を見《み》つけているチームについては、新聞《しんぶん》やテレビで何度《なんど》も取《と》り上《あ》げられています。行方不明《ゆくえふめい》のおばあさんの家族《かぞく》の意向《いこう》もあって、出動《しゅつどう》が要請《ようせい》されたのでした。

＊　＊　＊

この朝《あさ》、出動《しゅつどう》した救助犬《きゅうじょけん》は、トマトとダッシュ。知《し》らない現場《げんば》に連《つ》れてこられても、いつもと変《か》わりなく落《お》ち着《つ》いています。西方《にしかた》さんは地図《ちず》を広《ひろ》げ、前《まえ》の日《に》に捜索《そうさく》した場所《ばしょ》を聞《き》いて印《しるし》をつけ、まだ捜《さが》していない場所《ばしょ》に入《はい》ることにしました。

付近《ふきん》に沢《さわ》が三カ所《しょ》あるので、分《わ》かれて進《すす》みます。打《う》ち合《あ》わせを済《す》ませ、六時《じ》に予定《よてい》された開始時間《かいしじかん》を待《ま》たずに、山《やま》に入《はい》ることになりました。

（寒《さむ》く、真《ま》っ暗《くら》な山《やま》で、一晩《ひとばん》を過《す》ごしたおばあさんは、今《いま》どうしているだろう。なんとか無事《ぶじ》でいてくれればいいんだが……）

西方《にしかた》さんはおばあさんが心配《しんぱい》でなりません。日帰《ひがえ》りのつもりでタケノコ採《と》りに出《で》かけたのですから、もう食《た》べ物《もの》も水《みず》も、とっくにないはずです。寒《さむ》さを防《ふせ》げるような服《ふく》も着《き》ていなければ、懐中電灯《かいちゅうでんとう》などの持《も》ち合《あ》わせもないと聞《き》きました。一刻《いっこく》も早《はや》く見《み》つけなくてはなりません。

西方《にしかた》さんの気持《きも》ちを読《よ》み取《と》ったトマトは、やる気《き》まんまんです。「早《はや》く、早《はや》く」と、先《さき》を急《いそ》ぐように、足早《あしばや》に進《すす》みます。草《くさ》がぼうぼうに生《は》えたけもの道《みち》を歩《ある》くのは、人間《にんげん》にとっては難儀《なんぎ》ですが、トマトはしっかりした足取《あしど》りで進《すす》んでいきます。

「捜《さが》せ！」

西方《にしかた》さんが大《おお》きな声《こえ》で言《い》うと、トマトは鼻《はな》を空中《くうちゅう》に持《も》ち上《あ》げ、においをかぎ始《はじ》めました。数十《すう》メートル進《すす》んでは立《た》ち止《ど》まり、鼻《はな》でにおいを捜《さが》していきます。西方《にしかた》さんは、トマトの行《い》くとおりについていきます。進《すす》む方向《ほうこう》はトマトに任《まか》せていますが、その目《め》の動《うご》き、表情《ひょうじょう》の変化《へんか》を読《よ》み取《と》ろうと必死《ひっし》です。

トマトは、自信《じしん》ありげに進《すす》んだかと思《おも》うと、一目散《いちもくさん》に走《はし》り出《だ》しました。何《なに》かにおいを感《かん》じ取《と》ったのでしょうか。その姿《すがた》はまもなく、木々《きぎ》の中《なか》に隠《かく》れて

行方不明者《ゆくえふめいしゃ》の捜索《そうさく》に出動《しゅつどう》した救助犬《きゅうじょけん》チーム。

しまいました。

西方《にしかた》さんは、トマトのペースには、ついていくことができません。木《き》の枝《えだ》をよけたり、うっそうと生《は》えた草《くさ》をかきわけたりしながら、やっとのことで進《すす》みます。トマトはどこまで進《すす》んだのでしょう。トマトとの距離《きょり》があまりあっては、声《こえ》が届《とど》かなくなります。

呼《よ》びもどそうかと思《おも》った、その時《とき》です。

「ワン、ワン！、ワン！　ワ～ン！」

遠《とお》くからトマトの声《こえ》が聞《き》こえました。

（え、見《み》つけたっていうのか？　いや、そんな……。いくら何《なん》でも早《はや》すぎるだろう……）

「ワン！　ワン！　ワン！」

立《た》て続《つづ》けにほえる声《こえ》を、西方《にしかた》さんは信《しん》じられない思《おも》いで聞《き》いていました。

トマトには、人《ひと》を見《み》つけた時《とき》にだけ、ほえて知《し》らせるように教《おし》えているのです。けれども、二百人《ひゃくにん》もの捜索隊《そうさくたい》が総出《そうで》で見《み》つけられなかったのに、わずか二十分《ぷん》ほどで発見《はっけん》できるでしょうか。

西方《にしかた》さんはトマトといっしょの出動《しゅつどう》で、これまで何十人《なんじゅうにん》も救助《きゅうじょ》しています。トマトがまちがってほえたことは、一度《いちど》もありません。

「ワン！　ワン！」

（トマトの声《こえ》は真剣《しんけん》だ……。本当《ほんとう》に見《み》つけたのか、トマト。ようし、今《いま》すぐ行《い》く。待《ま》っていろよ……）

息《いき》を弾《はず》ませながら、ようやく、トマトのいる場所《ばしょ》にたどりつきました。その瞬間《しゅんかん》、西方《にしかた》さんの目《め》に、人《ひと》の姿《すがた》がとびこんできました。トマトのすぐそばに、精《せい》も根《こん》も尽《つ》き果《は》てたおばあさんがしゃがみこんでいます。

「だいじょうぶですか」

おばあさんは口《くち》も聞《き》けないぐらい弱《よわ》っていました。足《あし》にけがをしていて、動《うご》けないようです。西方《にしかた》さんは無線《むせん》で連絡《れんらく》をし、たんかを持《も》ってきてくれるよう頼《たの》みました。

トマトのたくましいしっぽがブルンブルンと、大《おお》きく揺《ゆ》れています。うれしそうなその顔《かお》は、「ほうら、見《み》つけた。見《み》つけたんだよ」と言《い》っています。

「よ~し、よし。よく、やったな、トマト。すごいぞ!」

西方《にしかた》さんはトマトを思《おも》いっきりほめ、何度《なんど》も何度《なんど》もだきしめて、体《からだ》をなでてやりました。

＊　＊　＊

「早《はや》かったですね。また、今日《きょう》はとくに」

捜索隊《そうさくたい》のだれもが目《め》を丸《まる》くしています。山《やま》に入《はい》って、ほんの二十分《ぷん》ほどで発見《はっけん》したのですから、驚《おどろ》くのも無理《むり》はありません。

前《まえ》の日《ひ》、捜索隊《そうさくたい》は、おばあさんの自宅《じたく》の周辺《しゅうへん》と、タケノコ採《と》りの場所《ばしょ》を中心《しん》に捜《さが》しました。おばあさんが発見《はっけん》された場所《ばしょ》は、「そんな所《ところ》には行《い》きっこない。年齢《ねんれい》から考《かんが》えても、行《い》けるはずがない」と判断《はんだん》された区域《くいき》だったのです。

もし、この日《ひ》の朝《あさ》、救助犬《きゅうじょけん》チームが出動《しゅつどう》していなかったら、また、もっと時間《じかん》がかかっていたら、おばあさんの命《いのち》は助《たす》からなかったかもしれません。

「さすが、災害救助犬《さいがいきゅうじょけん》だ」

「たいしたもんだなあ。トマト、お疲《つか》れさん」

警察《けいさつ》や消防《しょうぼう》の人《ひと》たちが口々《くちぐち》に言《い》いました。これまでたくさんの手柄《てがら》を立《た》てたトマトの仕事《しごと》ぶりには、一目置《いちもくお》かれていましたが、この日《ひ》の活躍《かつやく》で、再《ふたた》び、その能力《のうりょく》の高《たか》さが証明《しょうめい》されることになったのです。

2　トマトがやってきた！

十日町市《とおかまちし》は、県庁《けんちょう》のある新潟市《にいがたし》からほぼ南《みなみ》に、約《やく》八十五キロメートルの距離《きょり》にあり、市《し》の真《ま》ん中《なか》を南北《なんぼく》に、日本一長《にほんいちなが》い信濃川《しなのがわ》が流《なが》れています。

また、十日町市《とおかまちし》のある中越地方《ちゅうえつちほう》は、豪雪地帯《ごうせつちたい》として知《し》られ、冬《ふゆ》は三メートルを超《こ》える雪《ゆき》が積《つ》もります。

一九九六年五月《ねんがつ》。付近《ふきん》の山《やま》のあちらこちらに残《のこ》っていた雪《ゆき》がようやく消《き》え、遅《おそ》い春《はる》を迎《むか》えていました。

ここで、西方《にしかた》さんは、犬猫専門店《いぬねこせんもんてん》を経営《けいえい》しています。

「この犬《いぬ》、トマトというんですが、育《そだ》ててみる気《き》はありませんか」

犬《いぬ》の訓練士《くんれんし》の藤田真治《ふじたしんじ》さんが、一匹《ぴき》の大《おお》きなメスの犬《いぬ》を連《つ》れてきました。

シェパードのメスにしては大柄《おおがら》なトマト。体《からだ》も顔《かお》も黒《くろ》っぽい毛《け》でおおわれている。

警察犬《けいさつけん》を訓練《くんれん》したり、家庭犬《かていけん》のしつけなどを仕事《しごと》とする藤田《ふじた》さんは、西方《にしかた》さんとは顔《かお》なじみです。

「トマトとは、おもしろい名前《なまえ》ですね。それにしても、でっかいなあ」

「ちょうど一歳《さい》になりました。体重《たいじゅう》が三十二キロあるので、メスにしては大《おお》柄《がら》です。見《み》た目《め》がちょっとこわいので、名前《なまえ》だけでもかわいらしくしようと思《おも》いましてね」

ジャーマン・シェパードの、「ウルフ」という色《いろ》の種類《しゅるい》のトマトは、体《からだ》が黒《くろ》っぽい毛《け》でおおわれ、顔《かお》もほとんどまっ黒《くろ》です。シェパードは体《からだ》も大《おお》きく、勇《いさ》ましい姿《すがた》をしていますが、この毛色《けいろ》のシェパードはその名《な》のとおり、オオカミのような雰囲気《ふんいき》が漂《ただよ》っています。

「警察犬《けいさつけん》にしようと訓練《くんれん》してきましたが、音《おと》への不安《ふあん》があるんですよ」

しゃがみこんだ藤田《ふじた》さんは、トマトの体《からだ》をなでながら言《い》いました。

「どういうことですか。訓練《くんれん》しても、だめなんですか」

「ええ、拳銃《けんじゅう》のパーンという音《おと》をこわがるんです。音《おと》に敏感過《びんかんす》ぎるのかもしれません」

「警察犬《けいさつけん》にはなれないということですか」

「訓練《くんれん》で直《なお》すことはできますが、かなり時間《じかん》がかかります。その訓練《くんれん》に何年《なんねん》もかけるより、もっと適性《てきせい》のある犬《いぬ》を見《み》つけたほうがいいと……。人《ひと》なつっこく、賢《かしこ》い犬《いぬ》なので、非常《ひじょう》に残念《ざんねん》なんですが……」

「なるほど……。ちょっと、外《そと》で遊《あそ》んでみてもいいですか」

西方《にしかた》さんはトマトを外《そと》に連《つ》れ出《だ》しました。

「トマト、いいかい。ボールを取《と》ってくるんだよ。それっ」

ボールを放《ほう》り投《な》げると、トマトがすばやく走《はし》りだしました。そして、口《くち》にくわえてもどってきました。もう一度《いちど》西方《にしかた》さんが放《ほう》ると、ボールめがけて、まっしぐらに走《はし》ります。何度《なんど》やっても、喜《よろこ》んでくわえてきます。

勢《いきお》いよく追《お》いかけるトマト。ボールを口《くち》にくわえ、満足《まんぞく》そうなトマト。大《おお》きなしっぽをブルンブルンと振《ふ》りながら喜《よろこ》ぶトマト。むじゃきに動《うご》き回《まわ》るトマトに、西方《にしかた》さんの顔《かお》もいつのまにかほころんできます。

「なんて素直《すなお》で、のびのびしているんだろう。人《ひと》と遊《あそ》ぶのがうれしくってしょうがないんだな、トマトは」

トマトの太《ふと》い首《くび》に両手《りょうて》を回《まわ》して、西方《にしかた》さんはやさしくなでました。

西方《にしかた》さんは仕事柄《しごとがら》、さまざまな種類《しゅるい》の犬《いぬ》を見《み》ています。犬《いぬ》の表情《ひょうじょう》やふるまいなどで、その犬《いぬ》の性格《せいかく》がお見《み》とおしです。トマトの素直《すなお》さ、純粋《じゅんすい》で明《あか》るい性格《せいかく》を、西方《にしかた》さんは一目《ひとめ》で気《き》に入《い》りました。

「いい犬《いぬ》ですね。引《ひ》き受《う》けますよ。トマトは、人《ひと》をひきつける何《なに》かを持《も》っていますね」

「西方《にしかた》さんなら、そう言《い》ってくれると思《おも》いましたよ。よかったなあ、トマト。かわいがってもらうんだぞ」

そばにころがっていたボールを、トマトが口《くち》にくわえて持《も》ってきました。もっとボールを放《ほう》ってと催促《さいそく》しているのです。西方《にしかた》さんを見《み》つめるトマトの瞳《ひとみ》がキラキラしています。

＊　＊　＊

それから二ヵ月後《げつご》、藤田《ふじた》さんが店《みせ》を訪《おとず》れました。

「こんにちは。近所《きんじょ》まで来《き》たので、ちょっと寄《よ》ってみました」

「なかなか、賢《かしこ》いですね、トマトは。藤田《ふじた》さんのところで訓練《くんれん》を受《う》けていたから、しつけがきちんとできているし、警察犬《けいさつけん》になれないのが、もったいないですね」

　警察犬《けいさつけん》の訓練《くんれん》では、まず、人《ひと》の命令《めいれい》に従《したが》わせるための服従訓練《ふくじゅうくんれん》が、徹底《てってい》して行《おこ》なわれます。「来《こ》い」「待《ま》て」「すわれ」「伏《ふ》せ」などの行動《こうどう》が、指示《しじ》されたとおりにできるよう、基本的《きほんてき》な服従動作《ふくじゅうどうさ》がたたきこまれるのです。

　ジャーマン・シェパードの「シェパード」には、ドイツ語《ご》で「羊飼《ひつじか》い」という意味《いみ》があります。もともと牧羊犬《ぼくようけん》や牧畜犬《ぼくちくけん》だった犬《いぬ》を、数百年《すうひゃくねん》もかけて改良《かいりょう》し、二十世紀《せいき》はじめに、今《いま》のようなワーキングドッグになったのです。

　今《いま》では世界中《せかいじゅう》で、警察犬《けいさつけん》のほか、麻薬捜査犬《まやくそうさけん》、盲導犬《もうどうけん》、救助犬《きゅうじょけん》、軍用犬《ぐんようけん》など、いろいろな分野《ぶんや》で活躍《かつやく》しています。トマトの堂々《どうどう》とした体格《たいかく》、体力《たいりょく》、洗練《せんれん》された動《うご》き、頭《あたま》の良《よ》さなどが、そんな適性《てきせい》を物語《ものがた》っています。

西方《にしかた》さんと心《こころ》をかよわすトマトを見《み》て、藤田《ふじた》さんは目《め》を細《ほそ》めました。

「思《おも》ったとおりです。相性《あいしょう》がぴったりですね。ところで、西方《にしかた》さんは、災害《さいがい》救助犬《きゅうじょけん》を知《し》っていますか」

「もちろんですよ。阪神大震災《はんしんだいしんさい》のときに活躍《かつやく》した犬《いぬ》のことでしょう。がれきの下《した》に取《と》り残《のこ》された人《ひと》を、何人《なんにん》も見《み》つけましたよね。とくに、海外《かいがい》から来《き》た救助犬《きゅうじょけん》チームの仕事《しごと》ぶりは、テレビや新聞《しんぶん》などで何度《なんど》も取《と》り上《あ》げられましたからね。すごいなあと思《おも》って見《み》ていましたよ」

「どうでしょう。トマトを災害救助犬《さいがいきゅうじょけん》に育《そだ》ててみませんか」

「えっ、このトマトを？」

「性格《せいかく》が明《あか》るく活発《かっぱつ》なトマトは、災害救助犬《さいがいきゅうじょけん》に向《む》いているように思《おも》うんです。実《じつ》は、最近《さいきん》、家庭犬《かていけん》のしつけを頼《たの》まれたんですが、とても優秀《ゆうしゅう》なんですよ。それで、その飼《か》い主《ぬし》の林和明《はやしかずあき》さんに声《こえ》をかけてみたところ、賛成《さんせい》してくれまして。ラブラドールのチェリーの訓練《くんれん》を、ちょうど始《はじ》めたばかりなんです。仲間《なかま》を集《あつ》めて、いっしょに災害救助犬《さいがいきゅうじょけん》チームを作《つく》りませんか」

災害救助犬《さいがいきゅうじょけん》とは、地震《じしん》や台風《たいふう》、水害《すいがい》や山崩《やまくず》れなどの自然災害《しぜんさいがい》、山岳遭難《さんがくそうなん》などの現場《げんば》に出動《しゅつどう》し、行方不明者《ゆくえふめいしゃ》を捜《さが》す犬《いぬ》たちのことを言《い》います。ヨーロッパやアメリカではその数《かず》も多《おお》く、警察犬《けいさつけん》と同《おな》じように、重要《じゅうよう》な役目《やくめ》を担《にな》って活躍《かつやく》しています。

西方《にしかた》さんは、テレビや新聞《しんぶん》の報道《ほうどう》を見《み》て、災害救助犬《さいがいきゅうじょけん》の能力《のうりょく》に驚《おどろ》くとともに、どのように訓練《くんれん》しているのだろうかと興味《きょうみ》を持《も》っていました。もし、全《ぜん》国各地《こくかくち》に救助犬《きゅうじょけん》がいたら、災害現場《さいがいげんば》にすぐ駆《か》けつけることができ、救助《きゅうじょ》される人《ひと》も増《ふ》えるのではないかと思《おも》っていました。地震《じしん》や台風《たいふう》など自然災害《しぜんさいがい》の多《おお》い日本《にほん》でこそ、災害救助犬《さいがいきゅうじょけん》が必要《ひつよう》ではないかと考《かんが》えていたのです。

「それはいいですね。ぜひ、いっしょにやりましょう。やらせてください。この十日町市《とおかまちし》にも、ぜひ災害救助犬《さいがいきゅうじょけん》チームを作《つく》りましょう。それにしても、チェリーにトマト……なんだか、食《く》いしんぼうが集《あつ》まりそうだなあ」

トマトと暮《く》らして、二ヵ月《げつ》ほどたちましたが、ほかの犬《いぬ》とはちがうと感《かん》じていました。体《からだ》が大《おお》きいものの、身《み》のこなしがしなやかなトマト。人《ひと》といっしょにいるのが大好《だいす》きで、素直《すなお》でやさしい性格《せいかく》ながら、堂々《どうどう》として、物事《ものごと》に動《どう》じることはありません。西方《にしかた》さんはそんなトマトにひかれ、トマトとだったら、何《なに》かいっしょにできそうだと思《おも》っていました。警察犬《けいさつけん》に向《む》いていないというなら、別《べつ》の仕事《しごと》で、その力《ちから》を発揮《はっき》させてやりたい、トマトだったら、人《ひと》のために役《やく》に立《た》つことができると思《おも》わせるものがあったのです。

（動物《どうぶつ》にたずさわってきた経験《けいけん》を生《い》かし、大好《だいす》きな犬《いぬ》といっしょに、そして気《き》の合《あ》う仲間《なかま》といっしょにできる活動《かつどう》だ。やりがいがあるじゃないか……）

トマトを災害救助犬《さいがいきゅうじょけん》に育《そだ》てることで、犬《いぬ》の能力《のうりょく》の高《たか》さを証明《しょうめい》できるし、さらに、救助犬《きゅうじょけん》チームを作《つく》って地域《ちいき》に貢献《こうけん》できるなら、これ以上《いじょう》の仕事《しごと》はないように思《おも》いました。

「トマト、救助犬《きゅうじょけん》になるか。いっしょにがんばってみるか」

「ワン！　ワンワン！」

西方《にしかた》さんに全神経《ぜんしんけい》を傾《かたむ》けていたトマトが、大《おお》きな声《こえ》で返事《へんじ》をしました。救《きゅう》助犬《じょけん》になるためには、さまざまな訓練《くんれん》を受《う》けなければなりません。これからは、西方《にしかた》さんといっしょにいられる時間《じかん》がもっと増《ふ》えます。トマトにとっては、それが、何《なに》よりもうれしいことでした。

3 「災害救助犬《さいがいきゅうじょけん》十日町《とおかまち》」チームの発足《ほっそく》

一九九七年《ねん》、春《はる》。

藤田《ふじた》さん、西方《にしかた》さん、林《はやし》さんの提案《ていあん》に賛同《さんどう》する人《ひと》が集《あつ》まり、「災害救助犬《さいがいきゅうじょけん》十日町《とおかまち》」が発足《ほっそく》しました。チームのメンバーは設計士《せっけいし》、酒屋《さかや》さん、消防士《しょうぼうし》、ペットショップの店員《てんいん》さん、主婦《しゅふ》など十六人《にん》。職業《しょくぎょう》を持《も》ちながらのボランティアなので、時間《じかん》に制約《せいやく》の少《すく》ない自営業《じえいぎょう》の人《ひと》がほとんどでした。

犬《いぬ》はジャーマン・シェパードのトマト、ゴールデン・レトリーバーのスーロンとベン、ラブラドールのチェリー、ガク、トムの六匹《ぴき》。どの犬《いぬ》も、ペットとして飼《か》われている犬《いぬ》です。

犬《いぬ》の訓練《くんれん》は毎週《まいしゅう》一回《かい》か二回《かい》、一時間《じかん》ほど集中《しゅうちゅう》して行《おこ》ないました。基本《きほん》は、

「防災《ぼうさい》の日《ひ》」のイベントで、十日町市内《とおかまちしない》を行進《こうしん》する「災害救助犬十日町《さいがいきゅうじょけんとおかまち》」チームのメンバーたち。先頭《せんとう》が西方《にしかた》さんとトマト。

「伏《ふ》せ」「待《ま》て」「来《こ》い」などの服従訓練《ふくじゅうくんれん》で、毎回《まいかい》、同《おな》じことを繰《く》り返《かえ》して、犬《いぬ》に覚《おぼ》えさせます。

藤田《ふじた》さんと奥《おく》さんのあゆみさんは、犬《いぬ》の訓練《くんれん》を仕事《しごと》とするプロなので、それぞれチームの監督《かんとく》、助監督《じょかんとく》として、指導《しどう》することになりました。

まず、トマトを使《つか》って、服従《ふくじゅう》のお手本《てほん》を見《み》せ、メンバーの飼《か》い主《ぬし》が、それぞれ自分《じぶん》の犬《いぬ》を使《つか》って同《おな》じくできるようにします。はじめはぎくしゃくしていた動《うご》きが、何度《なんど》も繰《く》り返《かえ》すうちに、少《すこ》しずつよくなってきます。

訓練《くんれん》は犬《いぬ》だけのものではありません。犬《いぬ》を指導《しどう》する人《ひと》を「ハンドラー」と呼《よ》びますが、はっきりとした口調《くちょう》で、犬《いぬ》に正確《せいかく》に指示《しじ》を伝《つた》えなければなりません。犬《いぬ》はハンドラーの声《こえ》の調子《ちょうし》、表情《ひょうじょう》に敏感《びんかん》なため、ひとつひとつの指示《しじ》を出《だ》すにも注意《ちゅうい》をはらいます。

また、犬《いぬ》の表情《ひょうじょう》、しぐさなどの反応《はんのう》を読《よ》み取《と》ることもハンドラーの役目《やくめ》です。災害救助《さいがいきゅうじょ》の現場《げんば》では、犬《いぬ》とハンドラーがチームとなって仕事《しごと》をするのですから、信頼関係《しんらいかんけい》を築《きず》くことも、訓練《くんれん》の目的《もくてき》の一《ひと》つなのです。藤田《ふじた》さんは、ハンドラーとしての心得《こころえ》、動《うご》き方《かた》なども、てきぱきと注意《ちゅうい》していきます。

＊　＊　＊

西方《にしかた》さんがトマトを呼《よ》びました。

「トマト、来《こ》い！」

トマトがすばやく、西方《にしかた》さんの左側《ひだりがわ》につきました。そこでおすわりをします。西方《にしかた》さんが前《まえ》に進《すす》むと、トマトは西方《にしかた》さんに寄《よ》り添《そ》ったまま、ぴったりと合《あ》わせて歩《ある》きます。西方《にしかた》さんが曲《ま》がると、その動《うご》きに合《あ》わせて自分《じぶん》も同《おな》じように曲《ま》がり、ふたりの間隔《かんかく》が広《ひろ》がることはありません。

「伏《ふ》せ、待《ま》て！」

元《もと》の位置《いち》まで来《く》ると、西方《にしかた》さんの指示《しじ》で、トマトが地面《じめん》に伏《ふ》せた格好《かっこう》をします。そして、その場《ば》にじっとしています。つぎの指示《しじ》があるまで、絶対《ぜったい》にその場《ば》を動《うご》かず、待《ま》っていなければなりません。

西方《にしかた》さんが二十メートルほど離《はな》れた場所《ばしょ》まで走《はし》り、「来《こ》い」と指示《しじ》を出《だ》しました。トマトはさっと起《お》き上《あ》がって走《はし》りだし、西方《にしかた》さんの横《よこ》にすばやくつきます。

西方《にしかた》さんの動《うご》き、声《こえ》に集中《しゅうちゅう》して、指示《しじ》が出《だ》されると同時《どうじ》にすばやく動《うご》く訓《くん》練《れん》ですが、むだな動《うご》きがまったくなく、ハンドラーの西方《にしかた》さんと息《いき》がぴったり合《あ》っています。一通《ひとどお》りの動《うご》きがうまくできると、西方《にしかた》さんはトマトを思《おも》いっきりほめてやります。

「ようし、よし。できたぞ、トマト」

トマトと同《おな》じ高《たか》さまでしゃがみ込《こ》んだ西方《にしかた》さんは、両手《りょうて》でトマトの上半身《じょうはんしん》をだいて、体《からだ》をなでてやります。ハンドラーと犬《いぬ》とのスキンシップは、訓練《くんれん》の中《なか》でも大事《だいじ》なことです。うまくできたら、ハンドラーにほめられ、喜《よろこ》んでもらえ、そのごほうびに遊《あそ》んでもらえるということを繰《く》り返《かえ》し、体《からだ》で覚《おぼ》えさせるのです。

西方《にしかた》さんとトマトは、ほとんど毎日《まいにち》、朝《あさ》五時《じ》から服従訓練《ふくじゅうくんれん》を続《つづ》けていました。トマトは藤田《ふじた》さんの下《もと》で、警察犬《けいさつけん》になるための服従訓練《ふくじゅうくんれん》をしてきましたが、ハンドラーが西方《にしかた》さんになり、環境《かんきょう》も変《か》わったため、ふたりのチームワーク《く》を作《つく》りあげるためにも、基本《きほん》から復習《ふくしゅう》することにしたのです。

チームの訓練《くんれん》は、雨《あめ》の日《ひ》も、雪《ゆき》の日《ひ》も行《おこ》なわれます。どんな天気《てんき》でも、訓《くん》練《れん》が中止《ちゅうし》になることはありません。災害救助犬《さいがいきゅうじょけん》の助《たす》けが必要《ひつよう》とされる日《ひ》が、天気《てんき》がいいとは限《かぎ》らないからです。いいえ、台風《たいふう》や水害《すいがい》など、悪天候《あくてんこう》のときにこそ、救助犬《きゅうじょけん》の活動《かつどう》が必要《ひつよう》になることがほとんどなのです。

雨《あめ》に打《う》たれて体《からだ》がビショビショになっても、積《つ》もった雪《ゆき》で足《あし》が冷《つめ》たくなっても、訓練《くんれん》は続《つづ》けられました。最初《さいしょ》、ぬれることを嫌《いや》がっていた犬《いぬ》も、やがて、水《みず》たまりの中《なか》を平気《へいき》で走《はし》れるようになりました。雪《ゆき》の日《ひ》に動《うご》きたがらなかった犬《いぬ》も、冷《つめ》たい雪《ゆき》の上《うえ》に胸《むね》をつけた伏《ふ》せの状態《じょうたい》で、何分《なんぷん》も「待《ま》て」ができるようになりました。訓練《くんれん》をして一年《ねん》もすると、どんなに悪《わる》い天気《てんき》でも、平気《へいき》になってしまいました。

「おい、トマト、今日《きょう》は土砂降《どしゃぶ》りだぞ」

西方《にしかた》さんは、荒《あ》れた天気《てんき》の日《ひ》こそ、かえって、やる気《き》がわくようになりました。トマトに何《なに》か苦手《にがて》なことがあったら、なんとか克服《こくふく》させたい、トマトの可能性《かのうせい》を最大限《さいだいげん》に引《ひ》き出《だ》してやりたいと思《おも》うようになったのです。

＊　＊　＊

服従訓練《ふくじゅうくんれん》の次《つぎ》は、「かくれんぼ」です。木《き》のうしろやフェンスの陰《かげ》に隠《かく》れたハンドラーを見《み》つけたら、ほえて知《し》らせることを覚《おぼ》えさせます。ハンドラーと犬《いぬ》との距離《きょり》をだんだん遠《とお》くしていき、犬《いぬ》に自信《じしん》を持《も》たせます。

ハンドラーを捜《さが》すことに慣《な》れたら、今度《こんど》は、チームのメンバーに隠《かく》れてもらいます。箱《はこ》に入《はい》ったり、小屋《こや》の陰《かげ》に隠《かく》れてもらったりします。

「捜《さが》せ！」

見《み》つければ、その人《ひと》とボールでいっしょに遊《あそ》んでもらえるので、犬《いぬ》はそれを楽《たの》しみに、せっせと捜《さが》します。人《ひと》の姿《すがた》が見《み》えなくても、においでわかったら、ほえて知《し》らせます。

「ワン！　ワンワン！」

元気《げんき》よくほえる声《こえ》は、「見《み》つけたよ。ほら、ここにいるよ」という合図《あいず》です。ハンドラーが確認《かくにん》してほめてやります。遊《あそ》び相手《あいて》を求《もと》める犬《いぬ》の本能《ほんのう》を引《ひ》きだし、やる気《き》を出《だ》させるのです。

捜《さが》す範囲《はんい》は少《すこ》しずつ広《ひろ》げますが、もし、捜《さが》せなくても、しかるようなことはしません。捜索訓練《そうさくくんれん》は楽《たの》しい気分《きぶん》ですることが大切《たいせつ》です。やる気《き》をうまく引《ひ》き出《だ》してやると、犬《いぬ》は喜《よろこ》んで訓練《くんれん》に取《と》り組《く》みます。犬《いぬ》は人《ひと》の気持《きも》ちがわかるので、ハンドラーががんばると、犬《いぬ》もそれに応《こた》えようと一生懸命《いっしょうけんめい》にがんばるのです。

災害救助犬《さいがいきゅうじょけん》の訓練《くんれん》は、警察犬《けいさつけん》の訓練《くんれん》や育成方法《いくせいほうほう》とはちがいます。

犬《いぬ》の脳《のう》は人間《にんげん》の脳《のう》と比《くら》べると、においを感知《かんち》する嗅覚《きゅうかく》に使《つか》われる部分《ぶぶん》が、かなり多《おお》いと言《い》われています。においをかぐ細胞《さいぼう》の数《かず》は、人間《にんげん》が約《やく》五百万個《ひゃくまんこ》なのに対《たい》し、犬《いぬ》はおよそ二億個《おくこ》。鼻《はな》が複雑《ふくざつ》な仕組《しく》みになっているため、嗅覚《きゅうかく》は人間《にんげん》より百万倍《ひゃくまんばい》すぐれているのです。

警察犬《けいさつけん》の場合《ばあい》は、「トラッキング（地面《じめん》嗅《か》ぎ）」といって、たとえば、犯人《はんにん》の身《み》につけた服《ふく》や靴《くつ》のにおいをかぎ、足跡《あしあと》に残《のこ》ったにおいを見《み》つけ、地面《じめん》をかぎながらたどっていきます。

一方《いっぽう》、災害救助犬《さいがいきゅうじょけん》は、「エアー・センティング（空中嗅《くうちゅうか》ぎ）」といって、空《くう》中《ちゅう》のにおいをたどります。人間《にんげん》の体《からだ》からは、「ラフト」と呼《よ》ばれる、フケのような細胞《さいぼう》が常《つね》にはがれ落《お》ちており、それにバクテリアがくっついて繁殖《はんしょく》することで、空中《くうちゅう》にそのにおいが残《のこ》るとされています。

そのにおいは、風《かぜ》の流《なが》れによって広《ひろ》がりますが、訓練《くんれん》によって、においの濃《こ》さをかぎわけられるようになり、空中《くうちゅう》に漂《ただよ》う人間《にんげん》のにおいを追跡《ついせき》できるようになるのです。

地球上《ちきゅうじょう》のおよそ六十四億《おく》という人間《にんげん》は、それぞれ顔《かお》や指紋《しもん》がちがうように、においもちがうと言《い》われています。訓練《くんれん》された災害救助犬《さいがいきゅうじょけん》は、何《なん》キロも離《はな》れている場所《ばしょ》からでも、そのにおいを捜《さが》し当《あ》てることができるようになります。

「さまざまな訓練《くんれん》をこなせるようになるには、少《すく》なくとも二年《ねん》はかかるでしょう。とにかく、訓練《くんれん》の反復《はんぷく》、地道《じみち》な練習《れんしゅう》の積《つ》み重《かさ》ねしかない。がんばりましょう」

雪《ゆき》の中《なか》での訓練《くんれん》に集《あつ》まったメンバーたち。

藤田《ふじた》さんの言葉《ことば》に、集《あつ》まったメンバーがうなずきます。

基本的《きほんてき》な服従訓練《ふくじゅうくんれん》に約半年《やくはんとし》かかり、一《ひと》つの作業《さぎょう》が完全《かんぜん》にできるようになってから次《つぎ》の段階《だんかい》に進《すす》むのですから、毎日《まいにち》の反復練習《はんぷくれんしゅう》がいかに大事《だいじ》かがわかります。

4 救助犬《きゅうじょけん》の審査会《しんさかい》に挑戦《ちょうせん》

一九九九年《ねん》十月《がつ》。

西方《にしかた》さんはトマトに「災害救助犬認定審査《さいがいきゅうじょけんにんていしんさ》」を受《う》けさせるため、富山《とやま》の牛《うし》岳《だけ》スキー場《じょう》に出《で》かけました。この試験《しけん》は毎年《まいとし》十月《がつ》に、富山市《とやまし》にある「全国災害救助犬協会《ぜんこくさいがいきゅうじょけんきょうかい》」の主催《しゅさい》で開《ひら》かれているものです。

トマトは、前《まえ》の年《とし》、チームの助監督《じょかんとく》の藤田《ふじた》あゆみさんに連《つ》れられて、はじめて審査《しんさ》を受《う》けましたが、まだまだ訓練《くんれん》が十分《じゅうぶん》ではないことがわかりました。西方《にしかた》さんはトマトの訓練《くんれん》を始《はじ》めて約《やく》二年《ねん》になりますが、はじめての挑戦《ちょうせん》です。

まずは、「服従審査《ふくじゅうしんさ》」が行《おこ》なわれます。ここでは、ハンドラーの指示《しじ》に従《したが》って「伏《ふ》せ」「待《ま》て」「すわれ」「来《こ》い」ができるかどうか調《しら》べられます。次《つぎ》は障害物《しょうがいぶつ》での「服従《ふくじゅう》」。幅《はば》二十センチの板《いた》のシーソーを通《とお》りぬける審査《しんさ》があります。

「待《ま》て！」

トマトがシーソーの真《ま》ん中《なか》に来《き》たところで、西方《にしかた》さんが指示《しじ》し、下《くだ》りのシーソーにさせてから、ゆっくりと通過《つうか》させます。

この後《あと》、ビニールシートの上《うえ》、廃材《はいざい》の上《うえ》を通《とお》らせ、また、約《やく》十メートルのパイプを抜《ぬ》け、高《たか》さ二メートルの台座《だいざ》に上《あ》がるために、はしごを登《のぼ》らせなければなりません。最後《さいご》は、「待《ま》て」をさせ、ハンドラーの姿《すがた》が見《み》えなくなっても、じっと待《ま》てるかどうか調《しら》べられます。

トマトは次々《つぎつぎ》と「障害物《しょうがいぶつ》」をこなしていきます。いつもの訓練《くんれん》で、何度《なんど》も練習《れんしゅう》していることばかりです。西方《にしかた》さんの指示《しじ》に従《したが》って、キビキビと、楽《たの》しそうに動《うご》いていきます。場所《ばしょ》が変《か》わっても、周《まわ》りに知《し》らない人《ひと》がいても、いつもと変《か》わりはありません。落《お》ち着《つ》いて、しかも堂々《どうどう》と、確実《かくじつ》にこなしていきます。

「ようし、いいぞ、トマト。次《つぎ》は、かくれんぼうだ。いいか、うまくできたら、いっぱい遊《あそ》んでやるからな、がんばれよ」

＊　＊　＊

いよいよ、行方不明者《ゆくえふめいしゃ》を捜《さが》す「捜索審査《そうさくしんさ》」です。冬《ふゆ》はスキー場《じょう》となるゲレンデの横《よこ》の急《きゅう》な斜面《しゃめん》には、草《くさ》がうっそうと生えています。ハンドラーは犬《いぬ》を連《つ》れて、制限時間内《せいげんじかんない》に隠《かく》れている人《ひと》を見《み》つけなければなりません。もちろんどこにいるのかは、ハンドラーも知《し》りません。また、何人隠《なんにんかく》れているのかも知《し》らされていません。

「スタート！」

審査員《しんさいん》の声《こえ》が響《ひび》きました。

西方《にしかた》さんは風《かぜ》の方向《ほうこう》に気《き》を配《くば》ります。風《かぜ》は時間《じかん》によっても、また地形《ちけい》によっても変《か》わりますが、においは風下《かざしも》に向《む》かって広《ひろ》がります。西方《にしかた》さんはトマトに、においが自分《じぶん》たちのほうに流《なが》れてくるように、においを見《み》つけやすいように、進《すす》む方向《ほうこう》を考《かんが》えるのです。

「トマト、捜《さが》せ！」

トマトは駆《か》け足《あし》で登《のぼ》りながら、空中《くうちゅう》に漂《ただよ》うにおいを捜《さが》しています。しばらく進《すす》むと、草深《くさぶか》い場所《ばしょ》でトマトが、ほえ始《はじ》めました。

「ワン、ワンワン、ワン！」

西方《にしかた》さんが右手《みぎて》を高《たか》く上《あ》げて、見《み》つけたことを審査員《しんさいん》に知《し》らせました。隠《かく》れていた人《ひと》が姿《すがた》を現《あら》わすと、西方《にしかた》さんはトマトをねぎらい、首《くび》を抱《だ》いて、なでてやります。

「ようし、この調子《ちょうし》だ。トマト、がんばれよ」

トマトの目《め》は生《い》き生《い》きしています。西方《にしかた》さんの声《こえ》に集中《しゅうちゅう》して、次《つぎ》の指示《しじ》を待《ま》っています。

「トマト、捜《さが》せ！」

トマトはまた、元気《げんき》いっぱいに進《すす》みました。斜面《しゃめん》のあちらこちらを走《はし》っては、鼻《はな》を上《うえ》のほうに向《む》け、においを捜《さが》しています。西方《にしかた》さんが追《お》いついて来《き》たのを見届《みとど》けると、一目散《いちもくさん》に山《やま》の中腹《ちゅうふく》に向《む》かっていきました。何《なに》かにおいを感《かん》じたようです。

(なかなかやるじゃないか、トマト)

西方《にしかた》さんも急《いそ》ぎ足《あし》でついていきます。二人《ふたり》目《め》は、穴《あな》の中《なか》でビニールシートにくるまった人《ひと》でした。

でも、この後《あと》、トマトの動《うご》きが急《きゅう》に鈍《にぶ》くなりました。前《まえ》に進《すす》んだり戻《もど》ったり、ジグザグに歩《ある》いたりしています。いったい、何《なに》をしようとしているのか、西方《にしかた》さんにはよくわかりません。

行方《ゆくえ》不明者《ふめいしゃ》役《やく》の人《ひと》はまだいるのでしょうか。トマトはにおいの方向《ほうこう》がなかなか定《さだ》めきれないようです。うろうろしているトマトに向《む》かって、西方《にしかた》さんが大《おお》きな声《こえ》で伝《つた》えました。

「もどれ、トマト、来《こ》い!」

トマトは一瞬《いっしゅん》、とまどいましたが、ハンドラーの西方《にしかた》さんに指示《しじ》されたので、もどるよりほかありません。まもなく制限《せいげん》時間《じかん》の八分《ぷん》となりました。

審査員《しんさいん》が西方《にしかた》さんに近《ちか》づいてきました。

「犬《いぬ》のほうは、まだ続《つづ》ける気《き》があったのに、どうして、呼《よ》びもどしたんですか。においの方向《ほうこう》を定《さだ》めきれずに、迷《まよ》ってはいましたが、何《なに》か察知《さっち》していましたよ。もっと、犬《いぬ》を信用《しんよう》してあげてください……。もっともっと、犬《いぬ》の表情《ひょう》《じょう》、動《うご》きに目《め》を配《くば》ってみてください。今日《きょう》は残念《ざんねん》でしたが、いい犬《いぬ》ですよ。この次《つぎ》、がんばってください」

西方《にしかた》さんはがっくりと肩《かた》を落《お》としました。隠《かく》れている人《ひと》は三人《にん》いたのに、二人《ふたり》見《み》つけたところで、トマトを呼《よ》びもどしてしまったのです。トマトは三人目《にんめ》のにおいがわかりかけていたのに、西方《にしかた》さんはそれに気《き》づいてやれませんでした。不合格《ふごうかく》になったのは、ハンドラーの力不足《ちからぶそく》と言《い》われたも同然《どうぜん》です。

(まだまだ、トマトとの信頼関係《しんらいかんけい》ができていないということか……)

落《お》ち込《こ》む西方《にしかた》さんに、救助犬《きゅうじょけん》チームの仲間《なかま》が言《い》いました。

「気《き》にすることないですよ。実際《じっさい》、現場《げんば》でこんなに動《うご》ける犬《いぬ》は、トマト以外《いがい》にいないんですから」

＊　＊　＊

西方《にしかた》さんとトマトは翌年《よくとし》、また同《おな》じ試験《しけん》に挑《いど》みました。でもまた、不合格《ふごうかく》と判定《はんてい》されてしまいました。

トマトは「捜索審査《そうさくしんさ》」で、がれきの下《した》に隠《かく》れていた人《ひと》をすばやく見《み》つけましたが、その人《ひと》の服《ふく》を、口《くち》で引《ひ》っぱってしまいました。この審査《しんさ》では、遭難《そうなん》者役《しゃやく》の人《ひと》に触《ふ》れてはならず、周《まわ》りのものにも、一切《いっさい》さわってはいけないことになっています。

災害救助《さいがいきゅうじょ》で出動《しゅつどう》した時《とき》は、どんな場合《ばあい》でも現場《げんば》を荒《あ》らさないよう、注意《ちゅうい》しなければなりません。もし、事件《じけん》の場合《ばあい》は、犯人《はんにん》に結《むす》びつく証拠《しょうこ》を消《け》してしまう可能性《かのうせい》があるため、現場《げんば》をそのまま残《のこ》しておくのが、捜索《そうさく》の鉄則《てっそく》なのです。

それに、現場《げんば》には、火薬《かやく》や爆弾《ばくだん》などの危険物《きけんぶつ》があるかもしれません。物《もの》に触《ふ》れないということは、犬《いぬ》とハンドラーの身《み》の安全《あんぜん》を考《かんが》えてのことでもあるのです。

「不合格《ふごうかく》になったのは、トマトのせいではない。われわれの訓練《くんれん》の方法《ほうほう》がまちがっていたんだ。周《まわ》りのものに触《ふ》れないように、徹底《てってい》して教《おし》え込《こ》まなくてはいけない。トマト、ごめんな。もう一度《いちど》、やり直《なお》しだ」

救助犬《きゅうじょけん》は日本《にほん》ではまだあまりおらず、訓練方法《くんれんほうほう》などについても、自分《じぶん》たちで手探《てさぐ》りでやるしかありませんでした。西方《にしかた》さんと藤田《ふじた》さんは、訓練《くんれん》の方法《ほうほう》を最初《さいしょ》から見直《みなお》すことにしました。

「こうなったら、もう、とことんやってやる。あきらめないぞ。トマト、いいかい。がんばろうな。絶対《ぜったい》、日本一《にほんいち》の救助犬《きゅうじょけん》にしてやるからな」

西方《にしかた》さんの傍《かたわ》らに寄《よ》り添《そ》っていたトマトが、ボールをくわえて持《も》ってきました。「ねえ、遊《あそ》んでよ」という合図《あいず》です。もしかしたら、トマトは、しょげかえる西方《にしかた》さんの気持《きも》ちを感《かん》じとり、いっしょに遊《あそ》んで和《なご》ませようと思《おも》ったのかもしれません。

「隊長《たいちょう》としての面目《めんぼく》がないなあ……」

西方《にしかた》さんは頭《あたま》をかきました。

「試験《しけん》はだめでも、トマトの実力《じつりょく》は、われわれがみんな知《し》っていることですから。この次《つぎ》は、きっと、だいじょうぶですとも」

「あせることはないですよ、隊長《たいちょう》」

西方《にしかた》さんは、チームに加《くわ》わった犬《いぬ》の飼《か》い主《ぬし》の中《なか》では最年少《さいねんしょう》でしたが、訓練《くんれん》に熱心《ねっしん》で、チームのために意欲的《いよくてき》に取《と》り組《く》んでいることから、みんなの信頼《しんらい》を得《え》て、隊長《たいちょう》に選《えら》ばれていました。

「チームのためにも、絶対《ぜったい》、試験《しけん》をパスしなければ……」

チームの仲間《なかま》とは、雨《あめ》の日《ひ》も雪《ゆき》の日《ひ》も、毎週《まいしゅう》いっしょに訓練《くんれん》を続《つづ》けてきました。チームワークで活動《かつどう》する仲間《なかま》ならではの心遣《こころづか》いをうれしく思《おも》いながら、西方《にしかた》さんはさっそく、再挑戦《さいちょうせん》するための準備《じゅんび》に取《と》りかかりました。

チームのメンバーと救助犬《きゅうじょけん》。
先頭《せんとう》が隊長《たいちょう》の西方《にしかた》さんとトマト。

5 「第三種災害救助犬《だいさんしゅさいがいきゅうじょけん》」に認定《にんてい》

二〇〇一年《ねん》三月《がつ》。

トマトは六歳《さい》になりました。体重《たいじゅう》も三十六キロになり、さっそうと走《はし》る姿《すがた》は、どこから見《み》ても、貫禄十分《かんろくじゅうぶん》のシェパードです。

トマトはこの二年間《ねんかん》、いろいろな訓練《くんれん》を受《う》けてきました。西方《にしかた》さんたちは、山林《さんりん》で捜索《そうさく》をさせたり、ビルや家屋《かおく》の倒壊現場《とうかいげんば》を想定《そうてい》し、廃材《はいざい》などを積《つ》み重《かさ》ねた現場《げんば》を作《つく》り、実践的《じっせんてき》な経験《けいけん》を積《つ》ませたりしました。

また、解体現場《かいたいげんば》を借《か》り、全然知《ぜんぜんし》らない人《ひと》に頼《たの》んで隠《かく》れてもらったりして、捜索訓練《そうさくくんれん》も行《おこ》ないました。いつも同《おな》じ人《ひと》を捜《さが》すのでは、訓練《くんれん》にならないからです。

駅舎《えきしゃ》の解体現場《かいたいげんば》で捜索訓練《そうさくくんれん》をするトマト。

普段《ふだん》の生活《せいかつ》では見《み》ることのない場所《ばしょ》にも連《つ》れて行《い》き、建築現場《けんちくげんば》では、材木《ざいもく》、砂利《じゃり》、コンクリートのがれきなどの上《うえ》を歩《ある》かせ、また、泥《どろ》の中《なか》、タイルの床《ゆか》、ガラスの破片《はへん》などが散《ち》らばる場所《ばしょ》も経験《けいけん》させました。

災害現場《さいがいげんば》のさまざまな場所《ばしょ》を想定《そうてい》し、ヘリコプターの音《おと》、ブルドーザーやパワーショベルなどの重機《じゅうき》の騒音《そうおん》、エンジンの音《おと》などにも慣《な》れさせました。

「いいか、トマト。ちょっとやかましい音《おと》だけど、こわくないからな。がまんするんだぞ」

犬《いぬ》は聴覚《ちょうかく》もすぐれ、人間《にんげん》が聞《き》き取《と》れる音《おと》の四倍《ばい》もの音《おと》が聞《き》こえると言《い》います。これらの騒音《そうおん》が犬《いぬ》にとって、どんなに嫌《いや》な音《おと》かということが、容易《ようい》に想像《そうぞう》できます。

また、煙《けむり》や車《くるま》の排気《はいき》ガスなどのにおいをかがせたり、火《ひ》を見《み》せたりして、こわがらないようにさせます。夏《なつ》の海《うみ》に連《つ》れ出《だ》したり、スキー場《じょう》のリフトに乗《の》せたりと、実際《じっさい》の出動《しゅつどう》で直面《ちょくめん》するかもしれない状況《じょうきょう》に合《あ》わせ、考《かんが》えられる限《かぎ》りの経験《けいけん》を積《つ》ませてきました。

＊　＊　＊

二〇〇一年十月《ねんがつ》。西方《にしかた》さんはトマトを連《つ》れて、富山《とやま》の救助犬認定審査《きゅうじょけんにんていしんさ》の会場《かいじょう》に来《き》ています。

「やったぞ、トマト、合格《ごうかく》だ！　それも、すばらしい成績《せいせき》だ」

西方《にしかた》さんは大喜《おおよろこ》びで、顔《かお》をくしゃくしゃにしています。百匹以上《ひゃっぴきいじょう》も受《う》けた救助犬認定審査会《きゅうじょけんにんていしんさかい》で、ほとんどトップの成績《せいせき》でした。トマトは西方《にしかた》さんとチームを組《く》んで、三度目《どめ》の挑戦《ちょうせん》で、ようやく認定証《にんていしょう》をもらうことができたのです。

「とても優秀《ゆうしゅう》な犬《いぬ》ですね。ヨーロッパから連《つ》れてきた犬《いぬ》ですか」

「よく訓練《くんれん》されています。集中力《しゅうちゅうりょく》がずばぬけていました」

審査員《しんさいん》たちがそろってトマトをほめたたえます。願《ねが》いがかなって、ようやく合格《ごうかく》となり、西方《にしかた》さんはほっと胸《むね》をなでおろしました。

「合格《ごうかく》できないわけないよ。あんなにがんばったんだから。なあ、トマト」

西方《にしかた》さんの気持《きも》ちを読《よ》み取《と》ったトマトが、体《からだ》をすり寄《よ》せてきました。茶色《ちゃいろ》の目《め》の奥《おく》に、やさしさがのぞいています。

藤田《ふじた》さんからトマトを引《ひ》き取《と》って五年《ねん》。救助犬《きゅうじょけん》の訓練《くんれん》を通《つう》じ、西方《にしかた》さんとトマトの信頼関係《しんらいかんけい》は強《つよ》まり、また、数《かぞ》えきれないほどの出動《しゅつどう》を経験《けいけん》して、パートナーとしての絆《きずな》も固《かた》く結《むす》ばれていました。

トマトはこの審査会《しんさかい》で、第《だい》一種《しゅ》の山林捜索《さんりんそうさく》と、第《だい》二種《しゅ》の倒壊家屋捜索《とうかいかおくそうさく》に合格《ごうかく》しました。両方《りょうほう》に合格《ごうかく》した犬《いぬ》は、「第《だい》三種《しゅ》」に認定《にんてい》されたことになります。長《なが》い時間《じかん》をかけ、あらゆる条件《じょうけん》の訓練《くんれん》をこなしていなければ、なかなか突破《とっぱ》できるものではありません。この当時《とうじ》、第《だい》三種《しゅ》に認定《にんてい》された犬《いぬ》は、全国《ぜんこく》に八十匹《ぴき》ほどいましたが、新潟県《にいがたけん》ではトマトがはじめてでした。

トマトは救助犬《きゅうじょけん》チームのエース犬《けん》として、すでに現場《げんば》で活躍《かつやく》していましたが、「第《だい》三種認定《しゅにんてい》」は、一《ひと》つの目標《もくひょう》を達成《たっせい》したことを意味《いみ》します。西方《にしかた》さんが何度《なんど》も認定審査《にんていしんさ》に挑戦《ちょうせん》したのは、救助犬《きゅうじょけん》のハンドラーとしての責任《せきにん》、救助《きゅうじょ》犬《けん》チームの隊長《たいちょう》としての責任《せきにん》を大《おお》きく感《かん》じていたからです。

「トマトのほえる声一《こえひと》つで、何百人《なんびゃくにん》という捜索隊《そうさくたい》を動《うご》かすこともあるんです。

判断《はんだん》ミスは許《ゆる》されず、責任重大《せきにんじゅうだい》な仕事《しごと》であることをひしひしと感《かん》じます」

捜索現場《そうさくげんば》に出動《しゅつどう》すると、数《かぞ》えきれないほどの人《ひと》の視線《しせん》を背中《せなか》に感《かん》じる西方《にしかた》さん。行方不明者《ゆくえふめいしゃ》の家族《かぞく》の祈《いの》りも聞《き》こえてくるといいます。

「人間《にんげん》の生死《せいし》がかかっているし、救助《きゅうじょ》は時間《じかん》との勝負《しょうぶ》。犬《いぬ》の能力《のうりょく》を維持《いじ》し、審査《しんさ》に合格《ごうかく》できるようでなければ、ボランティアとはいえ、救助犬《きゅうじょけん》チームの看板《かんばん》を背負《せお》って活動《かつどう》していくことはできません」

普段《ふだん》の訓練《くんれん》で、犬《いぬ》との信頼関係《しんらいかんけい》を築《きず》き、また、チームワークの結束《けっそく》に自信《じしん》があるからこそ、胸《むね》をはって言《い》いきれる言葉《ことば》なのではないでしょうか。

＊　＊　＊

トマトの「第《だい》三種認定《しゅにんてい》」のニュースは、新潟県内《にいがたけんない》の新聞《しんぶん》やテレビでも大《おお》きく取《と》り上《あ》げられました。これをきっかけに、十日町《とおかまち》市《し》や新潟県内《にいがたけんない》で、「災害《さいがい》救助犬十日町《きゅうじょけんとおかまち》」チームの訓練《くんれん》を公開《こうかい》したり、催《もよお》し物《もの》のデモンストレーションを依頼《いらい》されることが多《おお》くなりました。

「災害《さいがい》の多《おお》い日本《にほん》で、災害救助犬《さいがいきゅうじょけん》が必要《ひつよう》なことを知《し》ってもらうには、まず、救助犬《きゅうじょけん》の存在《そんざい》を知《し》ってもらわなければ……」

救助犬《きゅうじょけん》の活動《かつどう》について、たくさんの人《ひと》に知《し》ってもらおうと、チームのメンバーは協力《きょうりょく》し合《あ》って、訓練《くんれん》を見《み》てもらう機会《きかい》を設《もう》けました。

学校《がっこう》の校庭《こうてい》やイベントが開《ひら》かれている会場《かいじょう》で、犬《いぬ》の敏捷性《びんしょうせい》を養《やしな》う訓練《くんれん》を見《み》てもらうことにしたのです。はしごをかけたり、遊具《ゆうぐ》やトンネルをしつらえたりして、犬《いぬ》のさまざまな能力《のうりょく》を披露《ひろう》します。

「すごい、あんなに高《たか》いはしごを登《のぼ》っていくよ」

「かっこいいなあ、救助犬《きゅうじょけん》って」

災害現場《さいがいげんば》に見立《みた》てた建物《たてもの》の二階《かい》の部屋《へや》に入《はい》るため、はしごをひょいひょいと登《のぼ》っていく救助犬《きゅうじょけん》たちに、子《こ》どもたちはみんな目《め》を丸《まる》くしています。人間《にんげん》だって、こわくなるほどの高《たか》さです。

「なでてもいいですか」

「どんな犬《いぬ》が、救助犬《きゅうじょけん》になれるんですか」

活動《かつどう》を見《み》に来《き》た人《ひと》たちが、救助犬《きゅうじょけん》たちの周《まわ》りにどっと押《お》し寄《よ》せます。知《し》ら

柏崎《かしわざき》市《し》で開《ひら》かれたイベント「風《かぜ》の陣《じん》」でのデモンストレーション。高橋隊員《たかはしたいいん》の指示《しじ》ではしごを登《のぼ》った救助犬《きゅうじょけん》のクー。

ない人《ひと》になでられたり、しっぽをつかまれたりしても、じっとおとなしくしていいます。どんな人《ひと》が近《ちか》づいてきても、あわてず、平気《へいき》な顔《かお》をしているようでなければ、救助犬《きゅうじょけん》は務《つと》まりません。

トマトは、人間《にんげん》が大好《だいす》き。小《ち》さな子《こ》どもにも大人《おとな》にも、うれしそうな顔《かお》を見《み》せています。人《ひと》なつっこい瞳《ひとみ》が、その場《ば》の空気《くうき》を和《なご》ませます。

救助犬《きゅうじょけん》たちは訓練《くんれん》でも、出動《しゅつどう》した現場《げんば》でも、いつでも真剣《しんけん》です。飼《か》い主《ぬし》でもあるハンドラーに喜《よろこ》んでもらいたくて、一生懸命《いっしょうけんめい》に取《と》り組《く》んでいるのです。

6　遭難者《そうなんしゃ》をダムで発見《はっけん》

二〇〇四年《ねん》、四月下旬《がつげじゅん》。

ワラビやゼンマイなど、春《はる》の山菜採《さんさいと》りのシーズンになりました。週末《しゅうまつ》ともなると、地元《じもと》の人《ひと》がたくさん山《やま》に入《はい》ります。

ある日《ひ》、近郊《きんこう》の山中《さんちゅう》で、年配《ねんぱい》の男性《だんせい》が行方《ゆくえ》不明《ふめい》になり、大騒《おおさわ》ぎになりました。

数百人《すうひゃくにん》の警官《けいかん》や消防団《しょうぼうだん》、ボランティアも加《くわ》わって、付近《ふきん》の山《やま》や野原《のはら》をくまなく捜《さが》しましたが見《み》つかりません。「災害救助犬十日町《さいがいきゅうじょけんとおかまち》」が警察《けいさつ》から応援《おうえん》を頼《たの》まれたのは、男性《だんせい》が行方《ゆくえ》不明《ふめい》になってから、二日後《ふつかご》のことです。

「これだけの人間《にんげん》が手分《てわ》けしても見《み》つけられないのだから、いくら救助犬《きゅうじょけん》だって、無理《むり》だろう……」

見守《みまも》る人《ひと》たちは、救助犬《きゅうじょけん》の能力《のうりょく》は認《みと》めるものの、時間《じかん》がたっていることから、犬《いぬ》の嗅覚《きゅうかく》による捜索《そうさく》に、あまり期待《きたい》していませんでした。

西方《にしかた》さんはトマトを連《つ》れて、男性《だんせい》がいつも行《い》くというルートを進《すす》みました。においがないのか、トマトの反応《はんのう》はほとんどありません。やがて、砂防《さぼう》ダムにたどりつきました。

「捜《さが》せ！」

トマトは、鼻《はな》を高々《たかだか》と上《うえ》に向《む》け、空中《くうちゅう》に漂《ただよ》うにおいをとらえようと、前後《ぜんご》にそして、左右《さゆう》に動《うご》かしました。ダムに沿《そ》ってゆっくり歩《ある》きだしたトマトは、急《きゅう》に興味《きょうみ》を示《しめ》し、早足《あしばや》になって西方《にしかた》さんを導《みちび》きます。時々《ときどき》、立《た》ち止《ど》まっては、においをかいでいます。反応《はんのう》が強《つよ》いことがうかがえます。

(何《なに》か、においがキャッチできたようだな……)

西方《にしかた》さんの胸《むね》がだんだん高鳴《たかな》ります。

しばらく進《すす》んだトマトは、鼻《はな》を持《も》ち上《あ》げ、鋭《するど》い目《め》をダムに向《む》けたかと思《おも》うと、急《きゅう》に鼻《はな》を鳴《な》らし始《はじ》めました。

「クンクン、ク〜ン」

前足《まえあし》を動《うご》かして、水《みず》をかくようなしぐさをしながら、鼻《はな》を鳴《な》らし続《つづ》けます。目《め》の前《まえ》は、もうダムの水《みず》。これ以上《いじょう》、前《まえ》には進《すす》めません。においのする方向《ほうこう》に近《ちか》づきたくても、それができず、困《こま》りきった様子《ようす》です。悲《かな》しそうな目《め》で西《にし》方《かた》さんを見上《みあ》げました。

「よし、トマト、よぅし！」

西方《にしかた》さんはしゃがみ込《こ》んで、トマトをなだめました。トマトは大《だい》の水嫌《みずぎら》い。研《と》ぎすまされた感覚《かんかく》で、何《なに》かにおいを捉《とら》えたものの、水《みず》の中《なか》まで進《すす》むことはできません。もどかしくて仕方《しかた》がないといった気持《きも》ちを、体全体《からだぜんたい》で表現《ひょうげん》しています。トマトの言《い》いたいことは、顔《かお》と態度《たいど》でわかるのです。

「トマトの反応《はんのう》によると、もしかしたら、その男性《だんせい》はダムに落《お》ちたということかもしれません」

西方《にしかた》さんは捜索隊《そうさくたい》に告《つ》げました。

「まさか……。救助犬《きゅうじょけん》は水《みず》の中《なか》のにおいも、かぎ分《わ》けられるんですか……」

「はい、トマトがそう言《い》っています。ダムに落《お》ちたと想定《そうてい》して、救助方法《きゅうじょほうほう》を考《かん》えたほうがよさそうです」

「でも、ここの水深《すいしん》は二・五メートルもある……困《こま》りましたなあ」

　捜索隊《そうさくたい》の人《ひと》たちが頭《あたま》を抱《かか》えています。トマトがほえたからといって、その男性《だんせい》がダムに落《お》ちたのかどうか、半信半疑《はんしんはんぎ》でした。

　ちょうどその頃《ころ》、近《ちか》くの斜面《しゃめん》を調《しら》べていた人《ひと》たちが、土《つち》のくずれた所《ところ》を見《み》つけました。人《ひと》がずり落《お》ちた跡《あと》のように見《み》えます。男性《だんせい》が、その斜面《しゃめん》をすべって、ダムに落《お》ちた可能性《かのうせい》があります。

　捜索隊《そうさくたい》はボートを用意《ようい》し、手分《てわ》けして長《なが》い棒《ぼう》を使《つか》ってダムの底《そこ》を探《さが》しました。けれども、水《みず》が深《ふか》すぎて、棒《ぼう》による捜索《そうさく》は困難《こんなん》でした。

「こんなことをしていては時間《じかん》がかかりすぎる。水《みず》を抜《ぬ》くしかない」

　捜索隊《そうさくたい》も必死《ひっし》です。ダムの水《みず》がおよそ十トン抜《ぬ》かれ、水深《すいしん》が下《さ》げられました。ボートに乗《の》った人《ひと》たちが、さっきと同《おな》じように、棒《ぼう》でつついたり、釣《つ》り針《ばり》で底《そこ》をあさったりしていました。すると、ビニール製《せい》の雨《あま》ガッパが、釣《つ》り針《ばり》に引《ひ》っかかりました。それは、行方不明《ゆくえふめい》になっている男性《だんせい》のものでした。

　この時期《じき》、週末《しゅうまつ》になると、山菜採《さんさいと》りで遭難《そうなん》する人《ひと》の捜索《そうさく》が続《つづ》いていました。行方不明《ゆくえふめい》になる人《ひと》は、山《やま》をよく知《し》っていると過信《かしん》する地元《じもと》の人《ひと》だったり、一《ひと》人《り》で行動《こうどう》する高齢者《こうれいしゃ》だったりすることが多《おお》かったのです。

「時間《じかん》がたち過《す》ぎている。早《はや》く見《み》つけてあげなくては……」

西方《にしかた》さんは、捜索隊《そうさくたい》の様子《ようす》を見守《みまも》るしかありません。

＊　＊　＊

西方《にしかた》さんとトマトが出動《しゅつどう》した日《ひ》、捜索《そうさく》は朝早《あさはや》くから始《はじ》められました。昼《ひる》になり、気温《きおん》がぐんぐん上《あ》がってきました。トマトは疲《つか》れたのか、西方《にしかた》さんの横《よこ》で寝《ね》そべっています。ところが、おとなしくしていたトマトが、急《きゅう》に立《た》ち上《あ》がりました。しきりに鼻《はな》を鳴《な》らし、大《おお》きな声《こえ》でほえます。

「ワンワン！　ワン！」

「どうした、トマト……。そうか、そうか、においを感《かん》じるんだな」

西方《にしかた》さんはトマトの体《からだ》をだいて、なだめるしかありません。

「よし、ようし。トマト。ここにいるんだよな。よく、わかったな」

もし、水《みず》の底《そこ》に沈《しず》んでいる遺体《いたい》があれば、犬《いぬ》は水面《すいめん》に浮《う》かんでくるガスのにおいをかぎとることができると言《い》われています。気温《きおん》が上《あ》がるにつれ、人間《にんげん》の体《からだ》の腐敗《ふはい》が進《すす》み、体《からだ》から発《はっ》せられる脂《あぶら》やガスが浮《う》かんできたのだろうと、西方《にしかた》さんは、トマトの強《つよ》い反応《はんのう》が理解《りかい》できました。

やがて、ダムに潜《もぐ》っていたダイバーが、水死体《すいしたい》を発見《はっけん》しました。そこは、まさに、トマトが合図《あいず》してほえていたところだったのです。

この日《ひ》、ダムの捜索《そうさく》には数多《かずおお》くの人《ひと》が参加《さんか》し、なりゆきを心配《しんぱい》そうに見守《みまも》っていました。

「おい、救助犬《きゅうじょけん》がほえた場所《ばしょ》だぞ」

「犬《いぬ》が見《み》つけたんだ。信《しん》じられない……」

西方《にしかた》さんはやっと、肩《かた》の荷《に》が降《お》りて、大《おお》きく息《いき》をつきました。

「トマト、よくやったぞ！　ほら、ボールを取《と》っておいで」

近《ちか》くの原《はら》っぱで、西方《にしかた》さんは勢《いきお》いよく、ボールを放《ほう》り投《な》げました。張《は》りつめた雰囲気《ふんいき》の中《なか》で、トマトは長《なが》い時間《じかん》、集中《しゅうちゅう》して捜索《そうさく》することができました。ごほうびに、思《おも》いっきり遊《あそ》んでやります。

パートナーであり、ハンドラーでもある西方《にしかた》さんに喜《よろこ》んでもらい、また、楽《たの》しく遊《あそ》んでもらって、「ああ、いいことをしたんだ。あれでよかったんだ」と、トマトに体《からだ》で感《かん》じさせることが大事《だいじ》なのです。すると、トマトは、次《つぎ》の出動《しゅつどう》でも訓練《くんれん》でも、がんばって仕事《しごと》をしてくれるのです。

救助犬《きゅうじょけん》チームのメンバーが、全員集《ぜんいんあつ》まってきました。行方不明者《ゆくえふめいしゃ》を助《たす》け出《だ》すことはできませんでしたが、トマトの仕事《しごと》ぶりから、水難捜索《すいなんそうさく》という、救《きゅう》助犬《じょけん》の新《あら》たな可能性《かのうせい》が見《み》いだされたのです。だれもが、活動《かつどう》の手応《てごた》えを感《かん》じていました。

メンバーはそれぞれ、犬《いぬ》にけががないかどうか、草《くさ》のとげや虫《むし》がついていないかどうか、全身《ぜんしん》を調《しら》べます。西方《にしかた》さんはトマトの足《あし》の裏《うら》の肉球《にくきゅう》を見《み》ました。救助犬《きゅうじょけん》になったはじめの頃《ころ》は、けがをしていることがありましたが、今《いま》では、どんな山道《やまみち》やがれきの上《うえ》を歩《ある》こうが、ガラスが散《ち》らばっている上《うえ》を通《とお》ろうが、傷《きず》をつけることはありません。

西方《にしかた》さんは不思議《ふしぎ》でしかたがありませんが、指《ゆび》の開《ひら》き具合《ぐあい》、力《ちから》の入《い》れ方《かた》など、経験《けいけん》をとおしてトマト自身《じしん》が学《まな》んだのだろうと感心《かんしん》しています。

「今日《きょう》は朝早《あさはや》くからお疲《つか》れさまでした。この次《つぎ》の訓練《くんれん》は土曜日《どようび》なので、よろしくお願《ねが》いします」

西方《にしかた》さんの声《こえ》には、事《こと》を成《な》し遂《と》げた満足感《まんぞくかん》があふれていました。

救助犬《きゅうじょけん》チームは、行方不明者《ゆくえふめいしゃ》を見《み》つけた時点《じてん》で、すぐに引《ひ》き上《あ》げます。発見後《はっけんご》のことは、警察《けいさつ》はじめ捜索隊《そうさくたい》に任《まか》せることにし、いっせいに帰《かえ》り支度《じたく》を始《はじ》めました。

＊　＊　＊

「災害救助犬《さいがいきゅうじょけん》十日町《とおかまち》」の年間出動件数《ねんかんしゅつどうけんすう》は、およそ二十回《かい》にもおよびます。捜《そう》索《さく》の活動《かつどう》はさまざまで、山菜採《さんさいと》りやキノコ狩《が》りで行方不明《ゆくえふめい》になった人《ひと》の捜索《そうさく》、土砂崩《どしゃくず》れによって生《い》き埋《う》めになった人《ひと》の捜索《そうさく》、認知症《にんちしょう》の老人《ろうじん》の捜索《そうさく》、

訓練《くんれん》ではしごを登《のぼ》るトマト。

迷子《まいご》の捜索《そうさく》などです。その多《おお》くが、行方不明者《ゆくえふめいしゃ》の発見《はっけん》につながるなど、年《とし》ごとに実績《じっせき》を重《かさ》ねています。

　トマトが一年《ねん》でこなす仕事《しごと》は、普通《ふつう》の救助犬《きゅうじょけん》が一生《いっしょう》かかってする仕事《しごと》の量《りょう》をしのいでいるかもしれません。トマトは、出動件数《しゅつどうけんすう》、出動日数《しゅつどうにっすう》とも、日本《にほん》一の救助犬《きゅうじょけん》なのです。

　地元《じもと》に密着《みっちゃく》した活動《かつどう》をして、地域《ちいき》の人々《ひとびと》から支持《しじ》され、チームとしての実《じっ》績《せき》を上《あ》げるにつれ、警察《けいさつ》や消防《しょうぼう》などの捜索隊《そうさくたい》も、救助犬《きゅうじょけん》の能力《のうりょく》を信頼《しんらい》してくれるようになりました。それまでは、トマトたち救助犬《きゅうじょけん》が「ここにいる」と反応《はんのう》を示《しめ》しても、捜索隊《そうさくたい》が動《うご》かないこともあったのです。

「トマトがここで反応《はんのう》しています」

　隊長《たいちょう》の西方《にしかた》さんがそう告《つ》げると、捜索隊《そうさくたい》も救助犬《きゅうじょけん》の動《うご》きに合《あ》わせてくれるようになりました。トマトの反応《はんのう》がまちがっていたことは、これまで一度《いちど》もないのですから。

近《ちか》くの湖《みずうみ》で行なった水中訓練《すいちゅうくんれん》。

7　新潟県中越地震《にいがたけんちゅうえつじしん》

二〇〇四年《ねん》十月《がつ》二十三日《にち》。

夕方《ゆうがた》五時《じ》五十六分《ぷん》、ドスンと体《からだ》を突《つ》き上《あ》げるような衝撃《しょうげき》とともに急激《きゅうげき》な横《よこ》揺《ゆ》れが新潟県中越地方《にいがたけんちゅうえつちほう》を襲《おそ》いました。

マグニチュード6・8。内陸部《ないりくぶ》の直下型地震《ちょっかがたじしん》で、震源《しんげん》が十三キロメートルと浅《あさ》かったため、新潟県《にいがたけん》の広《ひろ》い範囲《はんい》の市町村《しちょうそん》が、強《つよ》い揺《ゆ》れに見舞《みま》われました。川口町《かわぐちまち》で震度《しんど》七を記録《きろく》したほか、小千谷市《おぢやし》、山古志村《やまこしむら》、小国町《おぐにまち》で震度《しんど》六強《きょう》、そして、十日町市《とおかまちし》、長岡市《ながおかし》、魚沼市《うおぬまし》では震度《しんど》六弱《じゃく》を観測《かんそく》しました。

西方《にしかた》さんは、この地震《じしん》のニュースを、車《くるま》のナビゲーターのテレビで見《み》ていました。自分《じぶん》の経営《けいえい》する犬猫専門店《いぬねこせんもんてん》のスタッフ、長谷川《はせがわ》美幸《みゆき》さんとふたりで、福島《ふくしま》のドッグショーに向《む》かう途中《とちゅう》でした。ちょうど、高速道路《こうそくどうろ》の北陸道《ほくりくどう》を通《とお》っている頃《ころ》、テレビから次々《つぎつぎ》と速報《そくほう》が流《なが》れてきました。

「大変《たいへん》だ。十日町市《とおかまちし》が震度《しんど》六だって。人《ひと》が立《た》っていられないくらいの、すさまじい揺《ゆ》れだ。だいじょうぶだろうか……」

「どうしましょう、社長《しゃちょう》。もう、電話《でんわ》がつながりません」

携帯電話《けいたいでんわ》を手《て》にした長谷川《はせがわ》さんの顔《かお》が急《きゅう》にくもりました。

西方《にしかた》さんの頭《あたま》に、阪神《はんしん》・淡路大震災《あわじだいしんさい》の時《とき》の情景《じょうけい》が浮《う》かびました。家《いえ》が倒《たお》れたり、道路《どうろ》が寸断《すんだん》されたりして、負傷者《ふしょうしゃ》がたくさん出《で》ているかもしれません。心臓《しんぞう》の鼓動《こどう》が早《はや》くなるのが自分《じぶん》でもわかりました。

「みんな、無事《ぶじ》だといいんだが。とにかく、できるだけ早《はや》くもどろう……」

西方《にしかた》さんはためらうことなく、福島《ふくしま》のドッグショーをキャンセルして、引《ひ》き返《かえ》すことにしました。ハンドルを握《にぎ》る手《て》に汗《あせ》がにじみます。

テレビからは、余震《よしん》のニュースがひっきりなしに流《なが》れてきます。本震《ほんしん》の後《あと》、三分後《ぷんご》、七分後《ふんご》、十一分後《ぷんご》に震度《しんど》五の地震《じしん》が起《お》き、一時間《じかん》もたたないうちに、震度《しんど》六の余震《よしん》も二回《かい》あったというのです。まだまだ余震《よしん》が続《つづ》くとされ、地域《ちいき》によっては避難《ひなん》勧告《かんこく》が出《だ》されたことを伝《つた》えています。

「これは、ただごとではない……。相当《そうとう》の被害《ひがい》が出《で》ているだろう」

「こんな渋滞《じゅうたい》では、どれぐらい時間《じかん》がかかるか……」

ふたりとも、十日町《とおかまち》市《し》にいる家族《かぞく》が心配《しんぱい》です。また、救助犬《きゅうじょけん》チームのメンバーは無事《ぶじ》なのでしょうか。留守番《るすばん》をさせてきたトマトは、どうしているでしょう。

テレビから、亡《な》くなった人《ひと》、けがをした人《ひと》の情報《じょうほう》も入《はい》ってきました。

「救助犬《きゅうじょけん》が必要《ひつよう》とされる大地震《だいじしん》なのに、こんなところで足止《あしど》めを食《く》うなんて……。急《いそ》がないと」

国道《こくどう》四百《ひゃく》六十号線《ごうせん》から八号線《ごうせん》に入り、長岡市《ながおかし》をめざしたものの、すでに大渋滞《だいじゅうたい》になっています。また、小千谷市《おぢやし》からは道路《どうろ》が寸断《すんだん》されていて、十日《とおか》町市《まちし》へ入《はい》れないことがわかりました。西方《にしかた》さんは、くちびるをかみしめます。

「どうしますか、社長《しゃちょう》。この道路《どうろ》はこれ以上《いじょう》、行《い》けないようです」

地震《じしん》のために陥没《かんぼつ》した道路《どうろ》。

「仕方《しかた》がない。かなり遠回《とおまわ》りになるけれど、いったん、柏崎市《かしわざきし》へ出《で》て、反対《はんたい》側《がわ》から入《はい》るしかないだろう」

新潟県内《にいがたけんない》の関越《かんえつ》、北陸道《ほくりくどう》などの高速道路《こうそくどうろ》は、上下線《じょうげせん》とも全面通行止《ぜんめんつうこうど》めになっているほか、国道《こくどう》も陥没《かんぼつ》によって、三十カ所《しょ》が通行止《つうこうど》め。また、土砂崩《どしゃくず》れのため、県道《けんどう》もあちらこちらで通行止《つうこうど》めになっていました。

十日町市《とおかまちし》は魚沼丘陵《うおぬまきゅうりょう》のふもとにあり、小千谷市《おじやし》の隣《とな》り町《まち》ですが、日本海側《にほんかいがわ》をぐるっと回《まわ》るルートしかありません。もう、時計《とけい》は夜中《よなか》の十二時《じ》を回《まわ》っています。いったい、いつになったら帰《かえ》れるのか、予想《よそう》もつきません。

西方《にしかた》さんと長谷川《はせがわ》さんは疲《つか》れが限界《げんかい》に達《たっ》していました。けれども、ここで車《くるま》を止《と》めるわけにはいきません。救助犬《きゅうじょけん》チームの隊長《たいちょう》としての使命《しめい》を考《かんが》えると、ハンドルを握《にぎ》る手《て》に、ぐんと力《ちから》が入《はい》ります。今《いま》、この瞬間《しゅんかん》にも、救助《きゅうじょ》を待《ま》っている人《ひと》がいるかもしれないのです。西方《にしかた》さんは、あせる気持《きも》ちをおさえることができません。

「すみません。救助犬《きゅうじょけん》十日町《とおかまち》の隊長《たいちょう》の西方《にしかた》といいます。至急《しきゅう》、十日町市《とおかまちし》にもどらなくてはならないので……」

途中《とちゅう》、渋滞《じゅうたい》している地域《ちいき》では事情《じじょう》を話《はな》し、優先的《ゆうせんてき》に通《とお》してもらいました。少《すこ》しでも早《はや》くという一心《いっしん》で、暗《くら》い道《みち》を夜通《よどお》し車《くるま》を走《はし》らせました。

＊　＊　＊

西方《にしかた》さんと長谷川《はせがわ》さんが十日町市《とおかまちし》にたどりついたのは、翌日《よくじつ》の午前《ごぜん》十時半《じはん》すぎでした。家族《かぞく》とトマト、店《みせ》で預《あず》かっているペットたちの無事《ぶじ》を確《たし》かめると、その足《あし》でまっすぐ市役所《しやくしょ》に向《む》かいました。

「遅《おそ》くなりました。救助犬《きゅうじょけん》チームの西方《にしかた》です。被害《ひがい》の状況《じょうきょう》はどんなものでしょうか。要請《ようせい》があれば、いつでも出動《しゅつどう》できますが」

「今《いま》のところ、家屋《かおく》の倒壊《とうかい》による行方《ゆくえ》不明者《ふめいしゃ》はいません。もし、救助犬《きゅうじょけん》の応《おう》援《えん》が必要《ひつよう》な時《とき》には、すぐに連絡《れんらく》しますから、よろしくお願《ねが》いします」

市役所《しやくしょ》の災害対策《さいがいたいさく》本部《ほんぶ》には、張《は》りつめた空気《くうき》が漂《ただよ》っています。この日《ひ》になっても、余震《よしん》が続《つづ》き、被災《ひさい》した人《ひと》、避難《ひなん》した人《ひと》、けが人《にん》などの数《かず》を確認《かくにん》するだけでも大忙《おおいそが》しです。

西方《にしかた》さんは本部《ほんぶ》からの指示《しじ》を待《ま》つことにし、いったん、引《ひ》き返《かえ》すことにしました。そして、市内《しない》で孤立《こりつ》した場所《ばしょ》があるらしいという情報《じょうほう》を聞《き》き、被害《ひがい》の状況《じょうきょう》を確《たし》かめるため、チームのメンバーといっしょに、市内《しない》をパトロールすることにしました。もちろん、トマトもいっしょです。

傾《かたむ》いた家《いえ》、崩《くず》れたブロック塀《べい》、がけ崩《くず》れ、道路《どうろ》の陥没《かんぼつ》や隆起《りゅうき》など、いたるところに地震《じしん》のつめあとが残《のこ》されています。

余震《よしん》がひっきりなしに続《つづ》いているため、身《み》の回《まわ》り品《ひん》をかかえ、とりあえず避難所《ひなんじょ》へ入《はい》る人《ひと》が大勢《おおぜい》いました。家《いえ》の中《なか》は家具《かぐ》などがめちゃめちゃに倒《たお》れて、足《あし》の踏《ふ》み場《ば》もないほどで、住《す》める状態《じょうたい》ではありません。

電気《でんき》や水道《すいどう》、ガスも止《と》まってしまいました。いつまた大《おお》きな余震《よしん》が来《く》るのかと思《おも》うと、こわくて家《いえ》の中《なか》にはいられません。

どこの避難所《ひなんじょ》もごったがえしています。そこで、何日《なんにち》すごすことになるのやら、どういった暮《く》らしになるのやら、だれもが不安《ふあん》そうです。

また、避難所《ひなんじょ》の近《ちか》くの駐車場《ちゅうしゃじょう》には、車《くるま》があふれています。西方《にしかた》さんは、そのような車《くるま》が、避難所《ひなんじょ》に移《うつ》った人《ひと》の車《くるま》だけではないことに、すぐ気《き》がつきました。

「どうして、避難所《ひなんじょ》に入《はい》らないんですか」

年配《ねんぱい》の夫婦《ふうふ》に声《こえ》をかけてみました。

「だって、ほら、犬《いぬ》がいるもの」

女性《じょせい》にだかれた犬《いぬ》は、かわいいマルチーズ。西方《にしかた》さんを見《み》るなり、キャンキャンと、かん高《だか》い声《こえ》で鳴《な》きはじめました。

「犬《いぬ》がいたって、避難所《ひなんじょ》に入《はい》れますよ。車《くるま》の中《なか》は窮屈《きゅうくつ》じゃないですか」

「避難所《ひなんじょ》に行《い》ったら、気《き》をつかわなくてはならないもの。うちの子《こ》はほえるから、迷惑《めいわく》がかかる。避難所《ひなんじょ》の中《なか》で肩身《かたみ》のせまい思《おも》いをするより、車《くるま》の中《なか》にいたほうが、気《き》が楽《らく》じゃあないかと……」

マルチーズを真《ま》ん中《なか》にはさみ、ふたりで顔《かお》を見合《みあ》わせて、うなずき合《あ》っています。

「そうですか。今夜《こんや》は寒《さむ》くなるようですから、どうぞ、お気《き》をつけて」

＊　＊　＊

西方《にしかた》さんは、犬《いぬ》の飼《か》い主《ぬし》の夫婦《ふうふ》の気持《きも》ちを聞《き》いて、なるほどと思《おも》いました。飼《か》い主《ぬし》が避難所《ひなんじょ》には、ペットを連《つ》れていってもいいことになっていますが、避難所《ひなんじょ》全員《ぜんいん》、そうするわけではありません。したくても、できないのです。避難所に連《つ》れていけるペットは、おとなしく、知《し》らない人《ひと》に対《たい》してほえたりせず、飼《か》い主《ぬし》のいうことをちゃんと聞《き》くペットでなければいけません。

（そうか、困《こま》っている飼《か》い主《ぬし》さんがいっぱいいるんだなあ）

夕方《ゆうがた》になり、もう暗《くら》くなってきましたが、別《べつ》の駐車場《ちゅうしゃじょう》にも行《い》ってみました。やはり、車《くるま》の中《なか》で、ペットといっしょにいる人《ひと》が何人《なんにん》もいました。大型犬《おおがたけん》のハスキーを連《つ》れた人《ひと》は、外《そと》にシートを広《ひろ》げています。一晩《ひとばん》、そこで過《す》ごすのだと言《い》います。

「車《くるま》だとせまいし、大《おお》きな犬《いぬ》は、とても避難所《ひなんじょ》には連《つ》れていけませんよ。犬《いぬ》が嫌《きら》いな人《ひと》もいるわけだし……」

「うちの子《こ》は、しつけがなってないんで、恥《は》ずかしくて……」

飼《か》い主《ぬし》さんたちの気持《きも》ちが、西方《にしかた》さんには痛《いた》いほどわかりました。困《こま》っている人《ひと》を見《み》たからには、もう、いてもたってもいられません。

(うちで、ペットを預《あず》かることはできないだろうか……。スタッフを総動員《そうどういん》し、ボランティアを集《あつ》めて協力《きょうりょく》してもらえたら、できないことはない。ペットの専門家《せんもんか》であるわれわれがやってあげたら、飼《か》い主《ぬし》さんたちは安心《あんしん》するはずだ)

災害本部《さいがいほんぶ》からは、この日《ひ》、救助犬《きゅうじょけん》チームの出動要請《しゅつどうようせい》はありませんでした。家屋《かおく》の崩壊《ほうかい》による行方不明者《ゆくえふめいしゃ》や、救助犬《きゅうじょけん》が必要《ひつよう》になりそうな現場《げんば》もないことがわかりました。

「なあ、トマト。どうだろう。かわいそうな犬《いぬ》や猫《ねこ》を助《たす》けてあげたいんだ。トマトだったら賛成《さんせい》してくれるよな」

西方《にしかた》さんがトマトの顔《かお》をのぞきました。トマトは信頼《しんらい》に満《み》ちたまなざしで見上《みあ》げています。

「そうか。トマトも手伝《てつだ》ってくれるか。よしっ、そうと決《き》まったら、できるだけ早《はや》いほうがいいな。これは、忙《いそが》しくなるぞ」

トマトの目《め》には、西方《にしかた》さんの姿《すがた》が頼《たの》もしく映《うつ》っていました。パートナーでもあり、ハンドラーでもある西方《にしかた》さんの意気込《いきご》み、熱意《ねつい》は、いつだって、まっすぐに伝《つた》わってきます。

8　ペットを守《まも》れ

地震《じしん》から二日目《ふつかめ》。

余震《よしん》が絶《た》え間《ま》なく続《つづ》いています。電気《でんき》も水道《すいどう》も止《と》まったままで、いつ復旧《ふっきゅう》するのかもわかりません。ほとんどの人《ひと》は、自宅《じたく》にいても、なすべがありません。

また、ペットを自宅《じたく》に残《のこ》したまま、避難所《ひなんじょ》に向《む》かった人《ひと》が予想《よそう》以上《いじょう》に多《おお》いことがわかりました。そんな飼《か》い主《ぬし》のためにも、ペットの保護《ほご》センターを始《はじ》めようと、西方《にしかた》さんは「災害救助犬《さいがいきゅうじょけん》十日町《とおかまち》」のメンバーに連絡《れんらく》をしました。

それぞれのネットワークを使《つか》って、ドッグフードの提供《ていきょう》を依頼《いらい》したり、テントを借《か》りたり、ケージを集《あつ》めたりすることになりました。

東京《とうきょう》にいるメンバー、若林暢俊《わかばやしまさとし》さんと山田幸英《やまだゆきひで》さんにも電話《でんわ》をし、救援物《きゅうえんぶっ》資《し》の手配《てはい》などを依頼《いらい》しました。このふたりは、西方《にしかた》さんたちの心意気《こころいき》に賛同《さんどう》し、東京《とうきょう》にいながらも、チームに加入《かにゅう》していたのです。

西方《にしかた》さんはまた、地元《じもと》の獣医師《じゅういし》、愛犬家《あいけんか》サークル「わんこクラブ・ステップ&ジャンプ」にも連絡《れんらく》し、保護《ほご》センターの立《た》ち上《あ》げに協力《きょうりょく》を求《もと》めました。

「さあ、まずはテントだ」

さっそく、テントを張《は》る作業《さぎょう》に取《と》りかかりました。西方《にしかた》さんの犬猫専門店《いぬねこせんもんてん》の近《ちか》くの空《あ》き地《ち》に、テントを七つ並《なら》べました。ここは、「ドッグ・ラン」といって、普段《ふだん》は犬《いぬ》を訓練《くんれん》したり、運動《うんどう》させるための場所《ばしょ》です。

ドッグフードの各《かく》メーカーから、支援物資《しえんぶっし》の提供《ていきょう》の連絡《れんらく》が入《はい》ってきました。

「すぐ送《おく》ってくれるそうだ。ありがたいなあ。ドッグフードだけでも二トンくらい確保《かくほ》できる。これで食料《しょくりょう》はよし。広報《こうほう》も急《いそ》がないと。避難所《ひなんじょ》を回《まわ》って、このセンターができたことを早《はや》く知《し》らせよう……」

こうして、地震《じしん》から二日後《ふつかご》の昼《ひる》には、ペットの救援体制《きゅうえんたいせい》が本格的《ほんかくてき》に整《ととの》いました。大《おお》きな板《いた》に、「被災動物保護《ひさいどうぶつほご》センター」と書《か》いた紙《かみ》をはり、目立《めだ》つ所《ところ》に掲《かか》げました。

＊　＊　＊

その日《ひ》のうちに、犬《いぬ》や猫《ねこ》を連《つ》れた人《ひと》たちがひっきりなしに訪《おとず》れました。

「預《あず》かってくれると聞《き》いたんですが、お願《ねが》いできますか。いつもはおとなしい犬《いぬ》なのに、避難所《ひなんじょ》に連《つ》れていったら、ほえてほえて、全然言《ぜんぜんい》うことを聞《き》きません。周《まわ》りの人《ひと》にうるさいと言《い》われてしまって、もうどうしようもなくて……」

「動物《どうぶつ》にとって、地震《じしん》は正体不明《しょうたいふめい》のこわいもの。それに、飼《か》い主《ぬし》さんがイライラしているのがわかると、非常《ひじょう》にストレスを感《かん》じます。みなさんが落《お》ち着《つ》くまで、こちらで世話《せわ》をしましょう。いつでも会《あ》いに来《き》ていいですし、心配《しんぱい》しなくてだいじょうぶですよ」

ペットにとって、飼《か》い主《ぬし》が被災《ひさい》したとなれば、家《いえ》にもいられないし、散歩《さんぽ》やトイレだって、いつもどおりとはいきません。避難《ひなん》生活《せいかつ》が長《なが》くなれば、人間《にんげん》と同《おな》じように、ストレスから病気《びょうき》になる動物《どうぶつ》も多《おお》くなるにちがいありません。

　環境《かんきょう》の変化《へんか》やストレスで、犬《いぬ》は下痢《げり》になりやすいと言《い》われています。スタッフは、それぞれのペットの健康状態《けんこうじょうたい》、ワクチン接種《せっしゅ》をしているかどうかのチェックをするなど、受《う》け入《い》れるためのシステムを整《ととの》えました。また、けがをしているペットは、地元《じもと》の獣医師《じゅういし》と連携《れんけい》をとり、早《はや》く治療《ちりょう》が受《う》けられるよう手配《てはい》しました。

「ケージが、もう百個《ひゃっこ》ほど集《あつ》まりました。西方《にしかた》さん、どのように分《わ》けますか」

「テントは七つあります。一つはえさや救援物資《きゅうえんぶっし》などを入《い》れる倉庫《そうこ》にしましょう。あとの六つにケージを分《わ》けてください。ペットの体格《たいかく》や性格《せいかく》を見《み》て、それぞれのテントに分《わ》けていきましょう」

　西方《にしかた》さんが店《みせ》のスタッフとボランティアに指示《しじ》を出《だ》します。たとえば、おとなしい犬《いぬ》は、周《まわ》りの犬《いぬ》がけたたましくほえると、とてもこわがります。そ

「ドッグ・ラン」の場所《ばしょ》にテントを並《なら》べ、ペットの保護《ほご》センターを開《ひら》いた。

れも、飼《か》い主《ぬし》がいない場所《ばしょ》なのですから、普段《ふだん》よりも不安《ふあん》がります。できるだけストレスを感《かん》じさせないように、それぞれのテントに分《わ》けることにしたのです。

何日《なんにち》かたつと、スタッフと「わんこクラブ・ステップ&ジャンプ」を中心《ちゅうしん》としたボランティアの仕事《しごと》の役割分担《やくわりぶんたん》ができました。朝《あさ》八時《じ》に、テントから犬《いぬ》を出《だ》し、オシッコとウンチをさせ、えさをやって、遊《あそ》ばせる係《かかり》。その間《あいだ》、テントの中《なか》の風通《かぜとお》しをよくしながら掃除《そうじ》をし、ケージを一つずつ消毒《しょうどく》する係《かかり》。食欲《しょくよく》があるかないか、ストレスの度合《どあ》いも見《み》て、カードに記入《きにゅう》していきます。

「さあ、一番目《ばんめ》のテントのワンちゃんたちをケージに入《い》れて。次《つぎ》のテントに移《うつ》りますよ」

スタッフとボランティアの人《ひと》たちは交代《こうたい》で、二十四時間態勢《じかんたいせい》をとることにしました。多《おお》い時《とき》には、五十匹《ぴき》ほどの犬《いぬ》と猫《ねこ》が集《あつ》まりましたが、みんな、てきぱきと仕事《しごと》をこなしていきます。

ボランティアで働《はたら》く人《ひと》たちの中《なか》に、二組《ふたくみ》の夫婦《ふうふ》がいました。長野県《ながのけん》の田中《たなか》俊憲《としのり》さんは医師《いし》で、奥《おく》さんの由利子《ゆりこ》さんは元《もと》看護師《かんごし》。この保護《ほご》センターのスタッフ用《よう》の医薬品《いやくひん》を届《とど》けてくれ、野外《やがい》で働《はたら》く人《ひと》たちの健康《けんこう》に気《き》を配《くば》ってくれました。

また、千葉県《ちばけん》からは、小林正宏《こばやしまさひろ》さん・美弥子《みやこ》さん夫妻《ふさい》がテントを持参《じさん》し、センター内《ない》の設備《せつび》、ケージなどの補修《ほしゅう》を引《ひ》き受《う》けてくれました。ドッグ・セラピストの資格《しかく》を持《も》つ美弥子《みやこ》さんは、テント生活《せいかつ》になじめず、ほえたり鼻《はな》を鳴《な》らしたりする犬《いぬ》にマッサージを施《ほどこ》し、リラックスさせてくれたりもしました。

このように、新潟県外《にいがたけんがい》からかけつけてくれた人《ひと》たちの存在《そんざい》は、センターで忙《いそが》しく働《はたら》く人《ひと》たちにとって、どんなにか心強《こころづよ》く、大《おお》きな励《はげ》ましとなったことでしょう。

一方《いっぽう》、この保護《ほご》センターの取《と》り組《く》みを知《し》って、テレビや新聞《しんぶん》の取材《しゅざい》もたくさんありました。新聞《しんぶん》に紹介《しょうかい》された記事《きじ》を見《み》た人《ひと》が、近隣《きんりん》の長岡市《ながおかし》や小千谷《おぢや》市《し》からも、ペットを連《つ》れてくるようになり、保護《ほご》センターには、大勢《たくさん》の人《ひと》が出入《でい》りするようになりました。

スタッフとボランティアが一丸《いちがん》となった保護《ほご》センターの活動《かつどう》には、十日町《とおかまち》市役所《しやくしょ》も理解《りかい》を示《しめ》してくれ、給水車《きゅうすいしゃ》を一台《だい》、回《まわ》してくれました。まだ、近所《きんじょ》の住宅街《じゅうたくがい》でも水道《すいどう》は復旧《ふっきゅう》していなかったため、大勢《おおぜい》の人《ひと》が水《みず》を汲《く》みに集《あつ》まったほどです。

＊　＊　＊

そんなある日《ひ》、新聞《しんぶん》を読《よ》んでいた西方《にしかた》さんは、がくぜんとしました。隣《とな》り町《まち》の小千谷市《おぢやし》で、車《くるま》の中《なか》に寝泊《ねと》まりしていた女性《じょせい》が、エコノミークラス症候《しょうこう》群《ぐん》が原因《げんいん》で死亡《しぼう》したというのです。

この病気《びょうき》は、飛行機《ひこうき》のエコノミークラスの、せまい座席《ざせき》にすわった乗客《じょうきゃく》がかかることが多《おお》かったため、この名前《なまえ》で知《し》られています。長《なが》い時間《じかん》、窮屈《きゅうくつ》な姿勢《しせい》を続《つづ》け、血液《けつえき》の巡《めぐ》りが悪《わる》くなることが原因《げんいん》なので、自動車《じどうしゃ》、船《ふね》、列車《れっしゃ》などでも起《お》こりうる症状《しょうじょう》なのです。

その女性《じょせい》は、ペットを飼《か》っていたため、避難所《ひなんじょ》に行《い》くことをやめ、車《くるま》の中《なか》で過《す》ごしていました。地震《じしん》から五日目《いつかめ》の出来事《できごと》でした。

「気《き》の毒《どく》に……愛犬《あいけん》のために、命《いのち》を落《お》としてしまったのも同然《どうぜん》だ……」

「みんなに協力《きょうりょく》してもらえたおかげで、ここでは、こうしてペットたちの命《いのち》を守《まも》り、飼《か》い主《ぬし》さんたちにも喜《よろこ》んでもらっている。どこの街《まち》にも、同《おな》じような保護《ほご》センターが作《つく》れたらいいのだけど……」

そばで、西方《にしかた》さんの奥《おく》さんの貴子《たかこ》さんが言《い》いました。

9　トマトとパイロン

「ワン、ワン！　ワン、ワン！」

西方《にしかた》さんの姿《すがた》を見《み》つけたトマトが、さかんにほえています。

「こら、こら。そんな声《こえ》を出《だ》したら、小《ちい》さなワンちゃんたちが、びっくりするだろう。わかった、わかったから、ほえるんじゃない」

保護《ほご》センターを始《はじ》めてから、二週間《しゅうかん》があっという間《ま》に過《す》ぎました。西方《にしかた》さんは忙《いそが》しく、トマトの訓練《くんれん》や運動《うんどう》をさせる時間《じかん》が、なかなかありません。

トマトはしっぽを大《おお》きく振《ふ》りながら、「ねえ、訓練《くんれん》の時間《じかん》だよ。いっしょに遊《あそ》んでよ」と言《い》っています。そのメッセージが伝《つた》わっているのかどうか確《たし》かめるかのように、西方《にしかた》さんの顔《かお》をちらちらと見上《みあ》げています。

パイロンとトマト。

「わかってるって。でもなあ、トマト。今《いま》、時間《じかん》がないんだ。だれかに頼《たの》んでやってもらうからな。ごめんよ」

トマトの気持《きも》ちは十分《じゅうぶん》わかっていますが、どうしようもありません。

ちょうど、そこへ、藤田《ふじた》さんが訪《たず》ねて来《き》ました。

「パイロンのことですが、こちらで預《あず》かったままでいいのでしょうか」

「ええ、ずっと気《き》にはしていたのですが、申《もう》し訳《わけ》ありません。でも、ご覧《らん》のとおり、ここはせまくなったので、パイロンがもどっても、十分《じゅうぶん》に訓練《くんれん》も運《うん》動《どう》もさせてあげられません。すみませんが、もうしばらく、めんどうを見《み》てもらえませんか」

パイロンはトマトの子《こ》どもで、五歳《さい》になったばかりのメス。警察犬《けいさつけん》と救助《きゅうじょ》犬《けん》になるための訓練《くんれん》を受《う》け、競技会《きょうぎかい》でも優秀《ゆうしゅう》な成績《せいせき》をおさめています。

救助犬《きゅうじょけん》として働《はたら》くときのハンドラーでもある藤田《ふじた》さんの訓練所《くんれんじょ》とここを、行《い》ったり来《き》たりしていましたが、九月《がつ》から十一月《がつ》にかけては、警察犬《けいさつけん》の大会《たいかい》や服従訓練《ふくじゅうくんれん》の競技会《きょうぎかい》が続《つづ》くので、藤田《ふじた》さんに預《あず》かってもらっています。

「パイロン」とは、工事現場《こうじげんば》に置《お》かれる標識《ひょうしき》で、円《えん》すいの形《かたち》をしたもの。まだ幼《おさな》い時《とき》に、いたずらして口《くち》にくわえて持《も》ってきては、おもちゃにして遊《あそ》ぶのが好《す》きだったので、パイロンという名前《なまえ》がつけられました。

トマトは四歳《さい》の時《とき》に、九匹《ひき》の子どもを産《う》みました。西方《にしかた》さんはトマトに、優秀《ゆうしゅう》なワーキングドッグを産《う》ませたくて、世界訓練選手権《せかいくんれんせんしゅけん》でチャンピオンになったこともあるシェパードのオス、オリーとの交配《こうはい》を頼《たの》んだのです。

九匹《ひき》のうち、藤田《ふじた》さんの訓練所《くんれんじょ》で訓練《くんれん》を受《う》けたオスのダッシュは、新潟県《にいがたけん》の嘱託警察犬《しょくたくけいさつけん》として働《はたら》いています。また、オスのエスは、富山県《とやまけん》の嘱託警察《しょくたくけいさつ》犬《けん》になりました。パイロン、ダッシュ、エスをはじめ、みんなトマトとオリーの血《ち》を受《う》け継《つ》いで、賢《かしこ》く勇敢《ゆうかん》な救助犬《きゅうじょけん》や警察犬《けいさつけん》に育《そだ》ち、全国各地《ぜんこくかくち》で活躍《かつやく》しているのです。

＊　＊　＊

「クーン、クーン」

また、トマトが鼻《はな》を鳴《な》らしています。西方《にしかた》さんの姿《すがた》が見《み》えるたび、ほえたり鳴《な》いたりするのです。「訓練《くんれん》はどうするの。ずっといっしょに遊《あそ》んでいないよ。いつ、遊《あそ》んでくれるの」と、目《め》が訴《うった》えています。

それに気《き》づかない西方《にしかた》さんではありません。けれども、保護《ほご》センターの仕《し》事《ごと》が山《やま》のようにあって、トマトといっしょに遊《あそ》ぶ時間《じかん》がとれません。

「ごめんな、トマト。もう少《すこ》しのがまんだから、こらえてくれよ。落《お》ち着《つ》いたら、パイロンも呼《よ》びもどせるんだ。そうしたら、三人《にん》でいっしょに遊《あそ》べるからな。もうちょっとのしんぼうだよ」

トマトの視線《しせん》を背中《せなか》に感《かん》じ、ふびんに思《おも》いながらも、トマトの世話《せわ》はスタッフに任《まか》せるしかありませんでした。

スタッフたちも、トマトのことは気《き》にかけていました。けれども、預《あず》かっているペットの世話《せわ》があるので、これまでのように、十分《じゅうぶん》な時間《じかん》をかけてあげることはできません。

「ワン、ワン！　ワン、ワン！」

「ほら、ほら。トマトがほえると、みんなが一斉《いっせい》にほえるんだから、だめよ」

トマトは、西方《にしかた》さんやスタッフには甘《あま》えた声《こえ》で鳴《な》いたりするものの、ほかの犬《いぬ》の前《まえ》ではちがいました。威厳《いげん》があり、ボスのようにふるまっています。

実際《じっさい》、朝一番《あさいちばん》にケージから出《だ》してもらうのも、エサをもらうのも、どの犬《いぬ》よりも先《さき》でした。遊《あそ》び場《ば》にいても、トマトがいるだけで、雰囲気《ふんいき》がちがいます。ほかの犬《いぬ》がほえても、トマトがほえ返《かえ》すと、どの犬《いぬ》もおし黙《だま》ってしまいました。まるで、犬同士《いぬどうし》の会話《かいわ》で、このセンターのルールを教《おし》えているかのようでした。

救助犬《きゅうじょけん》チームのリーダー犬《けん》であるトマトは、この保護《ほご》センターでも、リーダーとしての役目《やくめ》を果《は》たしていたのです。

＊　＊　＊

十一月《がつ》はじめ。

余震《よしん》がおさまるにつれ、被災者《ひさいしゃ》は避難所《ひなんじょ》から自宅《じたく》へもどりましたが、日中《にっちゅう》は、家《いえ》の中《なか》を片付《かたづ》けるからと、ペットを預《あず》ける人《ひと》が多《おお》くいました。一方《いっぽう》で、仮設住宅《かせつじゅうたく》に入《はい》る人《ひと》の数《かず》も増《ふ》え、それに伴《ともな》って、センターにいるペットはだんだん減《へ》っていきました。
「お世話《せわ》になりました。おかげさまで、家《いえ》の中《なか》もきれいになったので、連《つ》れて帰《かえ》れることになりました。本当《ほんとう》に、何《なん》とお礼《れい》を言《い》ったらいいか……」
預《あず》けている犬《いぬ》を引《ひ》き取《と》りに来《き》た飼《か》い主《ぬし》さんは、ホッとした顔《かお》で言《い》いました。
抱《だ》っこされたビーグルもうれしそうです。
「あんまり甘《あま》やかさずに、しつけしてくださいね。避難所《ひなんじょ》に連《つ》れていってお
わかりかと思《おも》いますが、普段《ふだん》、甘《あま》やかされている犬《いぬ》は、避難所《ひなんじょ》だからおとな
しくしなさいと言《い》ったところで、言《い》うことを聞《き》きませんからね」
「はい、一から、しつけをしなおします。この子《こ》のためですものね。トマト
のように、おりこうさんにしなくては……がんばってみます」
西方《にしかた》さんにおじぎをしながら、女性《じょせい》は涙声《なみだごえ》で言《い》いました。ペットと離《はな》れば
なれの生活《せいかつ》は、さぞつらかったにちがいありません。
「お店《みせ》のお客《きゃく》さんなんだから、あまり説教《せっきょう》するのはどうかしら」
奥《おく》さんの貴子《たかこ》さんが気《き》にしています。

「いやいや、犬《いぬ》のためでもあり、それは、結局《けっきょく》、飼《か》い主《ぬし》さんのためになることなんだ。普段《ふだん》、社会《しゃかい》の一員《いちいん》として育《そだ》てられていないのに、緊急時《きんきゅうじ》だからといっても、受《う》け入《い》れられるもんじゃないさ」

西方《にしかた》さんはこれをきっかけに、犬《いぬ》のしつけについて、飼《か》い主《ぬし》とペットの関《かん》係《けい》について、もっと真剣《しんけん》に考《かんが》えてほしいと思《おも》っていました。

そんな西方《にしかた》さんの厳《きび》しい言葉《ことば》に、スタッフも、ボランティアの人《ひと》たちもうなずいています。たくさんのペットの世話《せわ》をした現場《げんば》にいる人《ひと》だからこそ、共感《きょうかん》できることだったのです。

「さあ、トマト。えさの時間《じかん》よ、おいで」

「ワン、ワ～ン！」

スタッフが呼《よ》ぶと、トマトは大《おお》きなしっぽをふりながら、うれしそうについて行《い》きました。

10　一ヵ月《げつ》ぶりのふれあい

十一月二十日《がつはつか》。

テントが五つに減《へ》り、西方《にしかた》さんはようやく、休《やす》む時間《じかん》ができました。

「よぅし、仕事《しごと》はこれで終《お》わり。今日《きょう》は、トマトの面倒《めんどう》はおれがみるよ。本当《ほんとう》に久《ひさ》しぶりだ。ようやくいっしょに遊《あそ》べるなぁ」

西方《にしかた》さんは、目《め》を細《ほそ》めながらトマトのケージに近《ちか》づきました。

「ク～ン、ク～ン……」

トマトが甘《あま》えた声《こえ》を出《だ》しました。でも、その声《こえ》は遠慮《えんりょ》がちです。これまでも、西方《にしかた》さんがケージのそばを通《とお》るたびに、甘《あま》えた声《こえ》を出《だ》していました。でも、西方《にしかた》さんは忙《いそが》しく、なかなか、トマトといっしょに遊《あそ》ぶ時間《じかん》がとれませんでした。

「クーン、クーン」

地震《じしん》からほぼ一カ月《げつ》がたったこの日《ひ》、地震後《じしんご》、はじめてトマトと遊《あそ》べる時《じ》間《かん》ができたのです。トマトはどんな思《おも》いで、この一カ月間《げっかん》、待《ま》っていたのでしょう。

西方《にしかた》さんがトマトを外《そと》に連《つ》れ出《だ》しました。テントが少《すく》なくなったので、元《もと》のドッグ・ランの場所《ばしょ》が、少《すこ》しだけ空《あ》いています。

「トマト、ボールを持《も》っておいで。それっ」

西方《にしかた》さんがボールを放《ほう》り投《な》げると、トマトが一生懸命《いっしょうけんめい》追《お》いかけました。口《くち》にくわえ、大喜《おおよろこ》びでもどってきました。

「それっ、行《い》け、トマト！」

勢《いきお》いのついたボールを必死《ひっし》に追《お》いかけ、それはそれは、うれしそうに持《も》ってきます。西方《にしかた》さんが大《おお》げさにほめてやります。何度《なんど》も繰《く》り返《かえ》します。

一歳《さい》で西方《にしかた》さんの元《もと》に来《き》た時《とき》から、トマトはボール遊《あそ》びが大好《だいす》きでした。

むじゃきにボールを追《お》いかけるトマト。もどってきたトマトをほめる西方《にしかた》さん。訓練《くんれん》をとおして、また、普段《ふだん》の遊《あそ》びを通《つう》じて、どれだけ繰《く》り返《かえ》したでしょうか。

でも、この一カ月間《げつかん》、一度《いちど》も遊《あそ》んであげることができませんでした。保護《ほご》センターを立《た》ち上《あ》げてから、西方《にしかた》さんは昼間《ひるま》はいろいろな用事《ようじ》があり、しかも、夜《よる》はテントの中《なか》に泊《と》まり込《こ》んでいたのです。

知《し》らない場所《ばしょ》に連《つ》れてこられたペットたちは、一匹《ぴき》が鳴《な》くと、不安《ふあん》になって、いっせいに鳴《な》き出《だ》します。住宅街《じゅうたくがい》の一角《いっかく》にあるこの場所《ばしょ》で、夜中《よなか》、もしそうなったら、近所《きんじょ》に迷惑《めいわく》がかかってしまいます。

人《ひと》がそばにいるだけで落《お》ち着《つ》くのか、テントにだれかがいれば騒《さわ》ぐことはほとんどありません。西方《にしかた》さんは昼《ひる》も夜《よる》も、引《ひ》き取《と》った犬《いぬ》と猫《ねこ》のために働《はたら》き詰《づ》めで、自分《じぶん》の時間《じかん》はありませんでした。

「トマト、ごめんよ。本当《ほんとう》に悪《わる》かったな……。でも、もう、仕事《しごと》のほうは一《いち》段落《だんらく》つきそうなんだ。これからは、今《いま》までどおり、遊《あそ》んでやれるよ。許《ゆる》してくれるかい」

「クーン、クーン」

「甘《あま》えんぼうだな、今日《きょう》のトマトは」

トマトはゴロンと横《よこ》になり、お腹《なか》を上《うえ》に向《む》けました。西方《にしかた》さんは胸《むね》からお腹《なか》まで、何度《なんど》もなでてやりました。トマトの目《め》がほほえんでいます。大好《だいす》きな西方《にしかた》さんに、お気《き》に入《い》りのボールで遊《あそ》んでもらい、お腹《なか》をさすってもらって上機嫌《じょうきげん》です。

うれしくてしかたがないといった気持《きも》ちが、トマトの顔《かお》、体《からだ》から伝《つた》わってきました。そんなトマトの前《まえ》で、西方《にしかた》さんもここ一ヵ月間《げっかん》の緊張《きんちょう》から解《と》き放《はな》たれ、心《こころ》の底《そこ》からくつろぐことができました。

トマトは、忙《いそが》しい西方《にしかた》さんのことが、わかっていました。かけがえのないパートナーとして信頼《しんらい》しあい、いっしょに救助《きゅうじょ》の仕事《しごと》をしてきた間柄《あいだがら》です。自分《じぶん》の訓練場所《くんれんばしょ》、遊《あそ》び場所《ばしょ》だったところにテントがはられ、たくさんのペットの世話《せわ》をしていたことを、この一ヵ月《げつ》、じっと見《み》てきたのですから。

八時《じ》になりました。外《そと》は雪《ゆき》が降《ふ》ってきそうな寒《さむ》さです。

「さあ、トマト。そろそろ、時間《じかん》だ。明日《あした》からは、ちゃんと遊《あそ》んでやるからな。約束《やくそく》だ」

西方《にしかた》さんは、部屋《へや》のドアを開《あ》けました。

「トマト、ハウス！」

トマトをケージに入《い》れる時《とき》の合図《あいず》です。

「じゃあな、おやすみ」

トマトはやさしいまなざしで西方《にしかた》さんを見上《みあ》げました。西方《にしかた》さんも、そんなトマトの気持《きも》ちを受《う》け止《と》め、にっこりほほえみました。いっしょにいられたこの時間《じかん》は、神《かみ》さまがふたりに与《あた》えてくれた、安《やす》らぎのひとときだったのでしょうか。

西方《にしかた》さんはドアを静《しず》かに閉《し》めて、外《そと》に出《で》ました。五つのテントが、住宅街《じゅうたくがい》の中《なか》にひっそりとたたずんでいます。

空《そら》を見上《みあ》げると、澄《す》んだ夜空《よぞら》に星《ほし》がきれいにまたたいていました。

11　トマト、天国《てんごく》へ

十一月《がつ》二十一日《にち》。

保護《ほご》センターの朝《あさ》は早《はや》く始《はじ》まります。

西方《にしかた》さんは、スタッフやボランティアの人《ひと》たちが集《あつ》まって来《く》る前《まえ》に起《お》き、テントに朝《あさ》の風《かぜ》を入《い》れていました。

そこへ、スタッフの長谷川《はせがわ》さんの声《こえ》が聞《き》こえてきました。

「社長《しゃちょう》！　早《はや》く来《き》てください。早《はや》く！」

店《みせ》とテントが建《た》てられている場所《ばしょ》は、二十メートルほどしか離《はな》れていません。大声《おおごえ》で叫《さけ》ぶ長谷川《はせがわ》さんの様子《ようす》から、ただごとではないことがわかりました。

「どうした！」

西方《にしかた》さんが駆《か》けつけてきました。

「トマトが……トマトが……」

長谷川《はせがわ》さんの声《こえ》は、それ以上続《いじょうつづ》きません。

西方《にしかた》さんはケージに急《いそ》ぎました。トマトは、まるで眠《ねむ》っているかのように横《よこ》たわっています。でも、お腹《なか》がパンパンにふくれあがっています。

「トマト、どうしたんだ。トマト……」

トマトの体《からだ》はもう、冷《つめ》たくなっていました。

「……きのう、これから毎日《まいにち》いっしょに遊《あそ》ぼうって、言《い》ったばかりじゃないか……」

西方《にしかた》さんの目《め》に、涙《なみだ》が次々《つぎつぎ》にあふれます。

「なあ、トマト……お願《ねが》いだから、目《め》を覚《さ》ましてくれ……」

保護《ほご》センターの仕事《しごと》が一段落《いちだんらく》して、トマトといっしょにいられる時間《じかん》が作《つく》れると、喜《よろこ》んでいたところだったのです。

二階《かい》から、奥《おく》さんの貴子《たかこ》さんと、長女《ちょうじょ》の真希香《まきか》ちゃんがあわてて降《お》りてきました。

「パパ。トマト、どうしたの？　死《し》んじゃったの？」

「……トマトは、天国《てんごく》にいったんだ……パイロンのいる、天国《てんごく》に……」

西方《にしかた》さんの声《こえ》が詰《つ》まりました。

＊　＊　＊

スタッフ、ボランティアの人《ひと》たちは、だれもが驚《おどろ》き、立《た》ちつくしたままです。一週間前《しゅうかんまえ》にパイロンが死《し》に、それを追《お》うかのように、トマトが死《し》んでしまうなんて、信《しん》じられません。だれも、信《しん》じたくはありませんでした。

西方《にしかた》さんは、藤田《ふじた》さんの元《もと》で息《いき》を引《ひ》き取《と》ったパイロンの死因《しいん》が「腸捻転《ちょうねんてん》」と聞《き》いて、耳《みみ》を疑《うたが》いました。まだ若《わか》く、明《あか》るく、元気《げんき》なパイロンが急死《きゅうし》するなど、思《おも》いもよらないことでした。

警察犬《けいさつけん》として、そして救助犬《きゅうじょけん》としても活躍《かつやく》していたパイロンが死《し》んで一週間《しゅうかん》。悲《かな》しみがまだ癒《い》えていないのに、そのお母《かあ》さんのトマトも死《し》んでしまうなんて、こんなことがあっていいものでしょうか。

「トマト……おまえまで、逝《い》っちゃうのか……おれはどうしたらいいんだ」

西方《にしかた》さんはトマトを抱《だ》いたまま離《はな》しません。

パイロンが死《し》んで、トマトまでも死《し》んで……。

だれも、何《なん》と言《い》ってなぐさめていいのか、言葉《ことば》が見《み》つかりません。西方《にしかた》さんの打《う》ちひしがれた姿《すがた》を目《ま》の当《あ》たりにして、涙《なみだ》をこらえることができませんでした。

「こんなふうに死《し》んでしまうなんて……。ごめんな、トマト……」

西方《にしかた》さんは、トマトが死《し》ぬなら、出動先《しゅつどうさき》の現場《げんば》かもしれないと思《おも》ったことがありました。もう九歳《さい》になり、出動《しゅつどう》から帰《かえ》ってくると、うしろ足《あし》がフラフラになっていることが多《おお》かったのです。

一回《かい》の出動《しゅつどう》で、二キロも三キロも体重《たいじゅう》が減《へ》るほど、スタミナを消耗《しょうもう》する仕《し》事《ごと》です。トマトはやる気満々《きまんまん》ですが、救助犬《きゅうじょけん》としてのピークは過《す》ぎています。あまり無理《むり》はさせられないと、そろそろ引退《いんたい》させることを考《かんが》えていました。

六日町《むいかまち》（現在《げんざい》は南魚沼市《みなみうおぬまし》）の土砂崩《どしゃくず》れ災害《さいがい》に出動《しゅつどう》した西方《にしかた》さんとトマト。トマトはこんなふうにいつでも勇敢《ゆうかん》に救出活動《きゅうしゅつかつどう》をしました。

この保護《ほご》センターの仕事《しごと》に区切《くぎ》りがついたら、年内《ねんない》にでも引退《いんたい》をさせるつもりだったのです。一生懸命《いっしょうけんめい》に働《はたら》いてくれたトマトに、できるだけ長《なが》く、のんびりと幸《しあわ》せな余生《よせい》を送《おく》らせてやりたいと思《おも》っていました。

（トマトの死因《しいん》は、胃捻転《いねんてん》にちがいない……）

西方《にしかた》さんは、これまでも、胃捻転《いねんてん》にかかった犬《いぬ》を見《み》たことがあります。お腹《なか》のふくらみは、それにまちがいないと思《おも》いました。

ただ前《まえ》の晩《ばん》、トマトに運動《うんどう》をさせた後《あと》、十分《じゅうぶん》に落《お》ち着《つ》かせてから、ケージに入《い》れました。大型犬《おおがたけん》が食後《しょくご》、急《きゅう》に運動《うんどう》したことが原因《げんいん》でかかる胃捻転《いねんてん》でないことは確《たし》かです。

すると、その死因《しいん》はストレス性《せい》のものなのでしょうか。地震後《じしんご》の環境《かんきょう》の変《へん》化《か》が、ストレスの原因《げんいん》となったのでしょうか。

「トマトが死《し》んだのは、おれのせいだ……」

地震《じしん》が起《お》きる前《まえ》、毎日《まいにち》、一時間《じかん》ほどしていた訓練《くんれん》や運動《うんどう》が、まったくできなくなっていました。西方《にしかた》さんといっしょの訓練《くんれん》を、何《なに》よりの楽《たの》しみにしていたトマトにとって、この変化《へんか》はつらかったにちがいありません。

＊　＊　＊

トマトが死《し》んだことが、たちまち知《し》れわたりました。

救助犬《きゅうじょけん》チームのメンバーが駆《か》けつけて来《き》ました。いっしょに活動《かつどう》している仲間《なかま》はみんな、トマトをかわいがっていました。救助犬《きゅうじょけん》チームのリーダー犬《けん》としての役目《やくめ》をしっかりとこなしてくれたトマトは、チームのシンボルでもあり、地元《じもと》のヒーローでもあったのです。

「パイロンが死《し》んだばっかりなのに、トマトまで……」

「どうして、こんなことに……」

やり場《ば》のない悲《かな》しみに、メンバーは目《め》を真《ま》っ赤《か》にしてうつむきました。

住宅街《じゅうたくがい》のせまい道路《どうろ》を、救急車《きゅうきゅうしゃ》と消防車《しょうぼうしゃ》が連《つら》なって入《はい》ってきました。災害《さいがい》救助活動《きゅうじょかつどう》をいっしょにしたことがある人《ひと》たちです。知《し》らせを受《う》けて、かけつけてくれたのです。

「トマトは勇敢《ゆうかん》な救助犬《きゅうじょけん》でした。よく働《はたら》いてくれました」

「もっともっと活躍《かつやく》してほしかった。残念《ざんねん》です……」

だれもが、身《み》を切《き》られる思《おも》いでした。

トマトの亡《な》きがらに、お花《はな》を手向《たむ》けてくれる人《ひと》が、保護《ほご》センターに詰《つ》めかけました。子《こ》どもから大人《おとな》まで、また、近所《きんじょ》の人《ひと》、保護《ほご》センターにペットを預《あず》けた人《ひと》たち、これまでの活動《かつどう》にかかわった人《ひと》、そして、近隣《きんりん》の町《まち》からも訪《おとず》れる人《ひと》がいました。

「あの時《とき》はお世話《せわ》になりました。最後《さいご》に、どうしても一目《ひとめ》会《あ》いたくて……」

三年《ねん》ほど前《まえ》、キノコ狩《が》りに行《い》った老人《ろうじん》が、山《やま》で行方《ゆくえ》不明《ふめい》になったとき、三日《みっか》すぎても捜索隊《そうさくたい》が見《み》つけられず、身内《みうち》の要請《ようせい》を受《う》けて、西方《にしかた》さんとトマトが出動《しゅつどう》したことがありました。山《やま》に入《はい》って二時間《じかん》ほどでトマトが見《み》つけましたが、もうすでに、老人《ろうじん》は息絶《いきた》えていたのです。

その家族《かぞく》は、「よく見《み》つけてくれました。ありがとうございました。おかげで手厚《てあつ》く葬《ほうむ》ってあげられます」と泣《な》きながら、トマトをねぎらってくれたのでした。

パイロンの祭壇《さいだん》の隣《とな》りに並《なら》べられたトマトの祭壇《さいだん》にも、真新《まあたら》しい花《はな》があふれました。地元《じもと》の人《ひと》たちのために働《はたら》いてくれた犬《いぬ》の親子《おやこ》の死《し》は、地震《じしん》の被害《ひがい》から立《た》ち上《あ》がろうとしていた人々《ひとびと》にとって、新《あら》たな悲《かな》しみとなってしまいました。

12　トマトは幸《しあわ》せだった

トマトが死《し》んだことが、地元《じもと》のラジオで放送《ほうそう》されたこともあり、保護《ほご》センターに来《く》る人《ひと》は途切《とぎ》れることがありません。この日《ひ》は、市《し》の災害対策本部《さいがいたいさくほんぶ》の人《ひと》もそろって訪《おとず》れてくれました。

「こんな形《かたち》でトマトが死《し》んでしまい、本当《ほんとう》に申《もう》し訳《わけ》ないと思《おも》っています。本来《ほんらい》ならば、動物《どうぶつ》の保護《ほご》センターは公的機関《こうてききかん》の仕事《しごと》なのに、どうしても手《て》が足《た》らず、後回《あとまわ》しになってしまって……。何《なん》と言《い》っておわびしたらいいものか……」

市役所《しやくしょ》の幹部《かんぶ》の人《ひと》が頭《あたま》を下《さ》げました。

トマトの死因《しいん》を調《しら》べた獣医《じゅうい》さんによると、やはり、環境《かんきょう》が変《か》わったことによるストレスが原因《げんいん》とわかりました。保護《ほご》センターを立《た》ち上《あ》げてから、西方《にしかた》さんは忙《いそが》しく、それまでさせていた訓練《くんれん》や運動《うんどう》を、思《おも》いどおりさせてやることができなくなってしまいました。ドッグ・ランの場所《ばしょ》にテントを建《た》てたのですから、遊《あそ》ぶ場所《ばしょ》もなくなってしまったのです。

それに、地震《じしん》の後《あと》は、たくさんの犬《いぬ》と猫《ねこ》といっしょの生活《せいかつ》になりました。運動《うんどう》も、食事《しょくじ》も、みんなといっしょです。さらに、保護《ほご》センターには、飼《か》い主《ぬし》たちの出《で》入《い》りがひんぱんにあり、マスコミの取材《しゅざい》も多《おお》く、常《つね》に大勢《おおぜい》の人《ひと》に囲《かこ》まれていました。

これまでの環境《かんきょう》とはガラリと変《か》わり、そこを取《と》りまく空気《くうき》さえも変《か》わったのです。トマトにとって、ストレスの要素《ようそ》は、あまりにもたくさんありすぎました。

トマトの死因《しいん》を知《し》った人《ひと》たちは、悲《かな》しくて、やりきれない思《おも》いでいっぱいになりました。

「トマトは、犠牲《ぎせい》になってしまったんだ……」

だれもが、そう思《おも》いました。

西方《にしかた》さんは、自分《じぶん》を責《せ》めるしかありません。

（自分《じぶん》の犬《いぬ》の様子《ようす》に気《き》づいてやれなかっただなんて、本当《ほんとう》に情《なさ》けない……悔《くや》しい……）

悔《くや》んでも悔《く》み切《き》れません。

トマトは天国《てんごく》からどんな目《め》で見《み》ているのでしょう。きっと何《なに》か言《い》いたかったにちがいありません。

西方《にしかた》さんの心《こころ》には、ポッカリと穴《あな》があき、冷《つめ》たい風《かぜ》がスースーと通《とお》り過《す》ぎるだけでした。

＊　＊　＊

救助犬《きゅうじょけん》チームのメンバーがそろって会《あ》いに来《き》てくれました。

ほとんど毎日《まいにち》のように、だれかが来《き》ていましたが、西方《にしかた》さんの顔《かお》を見《み》ても、だれも、何《なに》も言《い》えません。西方《にしかた》さんの気持《きも》ちがわかるからこそ、何《なに》も言《い》えなかったのです。

「今度《こんど》、出動《しゅつどう》の要請《ようせい》が来《き》た時《とき》は、うちのジェイソンを使《つか》ってくださいよ」

「うちの犬《いぬ》も、隊長《たいちょう》には慣《な》れているからだいじょうぶ。うちのクーを使《つか》ってやってください……」

みんな、西方《にしかた》さんのことを心配《しんぱい》していました。実際《じっさい》、西方《にしかた》さんは、仕事《しごと》も救助犬《きゅうじょけん》チームの活動《かつどう》も、やめてしまおうかと思《おも》い詰《つ》めていたのです。

「幸《しあわ》せでしたよ、トマトは。きっと、天国《てんごく》から見《み》ていて、隊長《たいちょう》に元気《げんき》を出《だ》してと言《い》っていますよ……」

「隊長《たいちょう》。トマトは、救助犬《きゅうじょけん》としての一生《いっしょう》を誇《ほこ》りに思《おも》っているはずです。この保護《ほご》センターを始《はじ》めたことも、喜《よろこ》んでいたと思《おも》います。トマトはわかっていたんですよ、何《なに》もかも。仲間《なかま》の犬《いぬ》を助《たす》けることが、人《ひと》を助《たす》けることにもなるってことを……。優秀《ゆうしゅう》な救助犬《きゅうじょけん》なんですから、トマトは……」

勇気《ゆうき》づけてくれるスタッフやメンバーの言葉《ことば》が、西方《にしかた》さんの胸《むね》を打《う》ちました。西方《にしかた》さんは、その言葉《ことば》のひとつひとつをかみしめます。

（そうかもしれない。ここで、やめたら、一番悲《いちばんかな》しむのは、トマトかもしれない。トマトは、救助犬《きゅうじょけん》としての一生《いっしょう》を全《まっと》うしたんだ。保護《ほご》センターでペットを預《あず》かることが、人助《ひとだす》けになることを知《し》って、最後《さいご》の最後《さいご》まで、弱音《よわね》を吐《は》くことはなかった。それに、こんなに気《き》をつかってくれる仲間《なかま》がいる。スタッフもボランティアのみんなも、保護《ほご》センターのために尽《つ》くしてくれた。センターを作《つく》ったから、トマトが死《し》んだなんて言《い》ったら、協力《きょうりょく》してくれた人《ひと》たちに申《もう》し訳《わけ》ない。トマトにも……）

みんなの気持《きも》ちは、痛《いた》いほどわかりました。

夜《よる》になり、トマトの祭壇《さいだん》の前《まえ》で、西方《にしかた》さんは手《て》を合《あ》わせ、涙《なみだ》をぬぐいました。

（トマト、聞《き》いているかい。いっしょに仕事《しごと》をし、トマトのことだったら、何《なん》でもわかっているつもりだった。それなのに、トマトのストレスに気《き》づいてやれなかった。それも、前《まえ》の晩《ばん》、命《いのち》が消《き》えかかっていたトマトといながら、ちっともわかってあげられなかった……ごめんな。パートナーとして未熟《みじゅく》だった。トマト……本当《ほんとう》に、ごめん……）

ふと、トマトとパイロンのじゃれあっている姿《すがた》が、目《め》に浮《う》かびました。今《いま》、天国《てんごく》でいっしょにいるよという、知《し》らせだったのでしょうか。

（そうか、そうか……。よかったなあ、親子《おやこ》いっしょになれて……。なあ、トマト、救助犬《きゅうじょけん》の仕事《しごと》、やっぱり、続《つづ》けていこうと思《おも》うんだ。もう一度《いちど》、トマトみたいな救助犬《きゅうじょけん》を育《そだ》ててみたいんだ。トマトにもパイロンにも負《ま》けないような、立派《りっぱ》な救助犬《きゅうじょけん》にするからな。がんばるから、見《み》ててくれよ。いいかい？）

幼《おさな》いパイロンが道路標識《どうろひょうしき》のパイロンを口《くち》にくわえ、おどけてみせる姿《すがた》がよみがえってきました。お気《き》に入《い》りのボールを追《お》いかけ、大《おお》きなしっぽを振《ふ》りながら走《はし》って来《く》るトマトの姿《すがた》も見《み》えます。

心《こころ》の中《なか》でさよならを告《つ》げた西方《にしかた》さんは、この夜《よる》、トマトとパイロンの祭壇《さいだん》が並《なら》べられたテントで眠《ねむ》ることにしました。夢《ゆめ》の中《なか》で、かつてのように、三人《にん》いっしょに遊《あそ》べるような気《き》がしたのです。

13　レスキューチームを作《つく》ろう

中越地震《ちゅうえつじしん》による死者《ししゃ》は新潟県内《にいがたけんない》で五十一人《にん》、けが人《にん》は四千《せん》八百人《ぴゃくにん》にも上《のぼ》りました。また、住宅《じゅうたく》は三千《ぜん》八百棟《ぴゃくとう》が全壊《ぜんかい》し、約《やく》十二万棟《まんとう》が損壊《そんかい》。避難者数《ひなんしゃすう》は約《やく》八万人《まんにん》にも及《およ》んだことがわかりました。

十二月《がつ》二十三日《にち》。

保護《ほご》センターに最後《さいご》まで残《のこ》っていた犬《いぬ》が、飼《か》い主《ぬし》に引《ひ》き取《と》られました。地《じ》震《しん》からおよそ二ヵ月《げつ》がたちましたが、トマトとパイロンが死《し》んでも、仕事《しごと》に追《お》われる毎日《まいにち》でした。

テントがなくなったドッグランの場所《ばしょ》に、雪《ゆき》がしんしんと降《ふ》り積《つ》もっています。そんな雪《ゆき》の中《なか》ではしゃぐのが大好《だいす》きだったトマトとパイロン。もう、そこに遊《あそ》ぶ姿《すがた》を見《み》ることはできないのです。

西方《にしかた》さんは、救助犬《きゅうじょけん》チームの高橋隆之《たかはしたかゆき》さんと高橋賢治《たかはしけんじ》さんに電話《でんわ》をして、保護《ほご》センターを閉鎖《へいさ》したことを伝《つた》え、あることを相談《そうだん》しました。ふたりとも、消防《しょうぼう》の仕事《しごと》に長《なが》く携《たずさ》わっています。

「救助犬《きゅうじょけん》チームの中《なか》に、レスキューチームを作《つく》りたいんですが、どうでしょうか」

これまで出動《しゅつどう》した捜索《そうさく》で、トマトが「人《ひと》がいる」と反応《はんのう》を示《しめ》しても、なかなか救助《きゅうじょ》に結《むす》びつかないことがありました。救助《きゅうじょ》の対応《たいおう》が遅《おく》れ、救出《きゅうしゅつ》できないことが何度《なんど》もあったのです。

救出活動《きゅうしゅつかつどう》をいかに早《はや》く、効率《こうりつ》よく行《おこ》なえばいいのか、また、救助犬《きゅうじょけん》チームと捜索隊《そうさくたい》の連携《れんけい》がどうあるべきか、これが西方《にしかた》さんたちがぶつかった問題《もんだい》でした。

＊　＊　＊

二〇〇四年《ねん》九月《がつ》のことです。

苗場《なえば》スキー場《じょう》の近《ちか》くにキノコ狩《が》りに行《い》った男性《だんせい》が、行方《ゆくえ》不明《ふめい》になりました。

チームに出動《しゅつどう》の要請《ようせい》があったため、トマト、ジェイソン、クー、クィール、チェリーの五匹《ひき》が出動《しゅつどう》しました。ハンドラーと救助犬《きゅうじょけん》のコンビが、分《わ》かれて山《やま》に入《はい》って行《い》きます。

切《き》り立《た》ったがけの上《うえ》で、トマトが反応《はんのう》を示《しめ》した場所《ばしょ》がありましたが、ほえるでもなく、わずかな反応《はんのう》です。がけは急《きゅう》で、人《ひと》も犬《いぬ》も降《お》りていけるような傾斜《けいしゃ》ではありません。念《ねん》のため、クーにも調《しら》べさせると、同《おな》じような反応《はんのう》を示《しめ》しました。

「がけ下《した》まではかなりの距離《きょり》があるので、確《たし》かではないかもしれません。でも、犬《いぬ》の反応《はんのう》は、人間《にんげん》がいると言《い》っています」

西方《にしかた》さんが捜索隊《そうさくたい》に伝《つた》えました。

「がけの下《した》へは、山《やま》を知《し》っているプロでなければ、行《い》けるもんじゃあないよ。そこに行《い》く可能性《かのうせい》は少《すく》ないと思《おも》うが……」

捜索隊《そうさくたい》に加《くわ》わっていた山《やま》の専門家《せんもんか》が言《い》いました。

がけの下《した》へ向《む》かうには、迂回《うかい》する道《みち》しかなく、現場《げんば》にたどりつくには三時間《じかん》もかかります。この日《ひ》、捜索隊《そうさくたい》は何百人《なんびゃくにん》も出動《しゅつどう》していましたが、朝早《あさはや》くから作業《さぎょう》を続《つづ》け、疲《つか》れが限界《げんかい》に達《たっ》していました。それに日没《にちぼつ》の時間《じかん》の関係《かんけい》もあり、話《はな》し合《あ》いの結果《けっか》、次《つぎ》の朝早《あさはや》く現場《げんば》に向《む》かうことになりました。西方《にしかた》さんたちはあきらめるよりほかありませんでした。

結局《けっきょく》、その男性《だんせい》は、次《つぎ》の朝《あさ》、捜索隊《そうさくたい》に発見《はっけん》されました。まさしく、トマトとクーが反応《はんのう》を示《しめ》した、がけの下《した》に倒《たお》れていたのです。三日間《みっかかん》も飲《の》まず食《く》わずだったので、衰弱《すいじゃく》が激《はげ》しく、動《うご》くことができなかったのです。もう少《すこ》しで命《いのち》を落《お》とすというところで救助《きゅうじょ》することができたのです。

無事救出《ぶじきゅうしゅつ》の報告《ほうこく》を聞《き》いて、チームのだれもが複雑《ふくざつ》な気持《きも》ちでした。

「たとえ三時間《じかん》かかっても、無駄骨《むだぼね》になる可能性《かのうせい》があったにせよ、昨日《きのう》の段《だん》階《かい》でレスキュー隊《たい》を出《だ》してもらうべきだったかもしれない」と思《おも》いました。

西方《にしかた》さんたちにとって、ただ待機《たいき》することほど、つらい時間《じかん》はなかったのです。

捜索《そうさく》をスムーズに行《おこ》なうには、チームワークで動《うご》かなければなりません。犬《いぬ》ににおいを捜《さが》させ、ハンドラーが犬《いぬ》の反応《はんのう》を読《よ》み取《と》り、そして、そのうしろで、レスキュー隊《たい》がいつでも作業《さぎょう》のできる態勢《たいせい》でいなければならないのです。

「もし、自分《じぶん》たちのレスキューチームがあれば、気《き》がねせずに言《い》えるし、どんなに夜遅《よるおそ》くなっても、救助《きゅうじょ》に向《む》かうことができるんだ」

ボランティアで活動《かつどう》する西方《にしかた》さんたちにとって、行方不明者《ゆくえふめいしゃ》がいるかいないか、はっきりしない場所《ばしょ》に、何十人《なんじゅうにん》もの捜索隊《そうさくたい》を向《む》かわせるのはむずかしいことです。

＊　＊　＊

レスキューチームの活動《かつどう》には、救出《きゅうしゅつ》のための特殊《とくしゅ》な機械《きかい》や道具《どうぐ》、ハイテク機器《きき》も必要《ひつよう》です。そのために訓練《くんれん》をし、作業《さぎょう》できる人《ひと》を養成《ようせい》するのは簡単《かんたん》なことではありません。レスキューチームの育成《いくせい》と訓練《くんれん》には、消防署《しょうぼうしょ》に長《なが》く勤《つと》めている高橋《たかはし》さんたちの指導《しどう》、協力《きょうりょく》が欠《か》かせないと思《おも》いました。「ぜひ、われわれのチームに、ボランティアのレスキューチームを作《つく》りたいんです」

「わかりますとも。それは、現場《げんば》に出《で》たことがある者《もの》なら、だれでも感《かん》じていることでしょうねえ。私《わたし》たちでできることがあれば、何《なん》でも協力《きょうりょく》させてもらいますよ。いっしょにがんばりましょう」

力強《ちからづよ》い声《こえ》が、電話《でんわ》の向《む》こうから聞《き》こえてきました。

こうして、レスキューチームには、消防署《しょうぼうしょ》の現役《げんえき》のレスキュー隊《たい》の隊長《たいちょう》と隊員《たいいん》、それに救急救命士《きゅうきゅうきゅうめいし》も加《くわ》わることになりました。何《なに》よりも心強《こころづよ》い味方《みかた》です。チームの活動《かつどう》はすべてボランティア。現役《げんえき》の消防士《しょうぼうし》さんたちは、自分《じぶん》の休《やす》みの日《ひ》を利用《りよう》して、チームの訓練《くんれん》に加《くわ》わり、出動《しゅつどう》するのです。

スイスやフランス、アメリカなど、欧米《おうべい》の国々《くにぐに》では、民間《みんかん》のレスキューチームが活躍《かつやく》し、海外《かいがい》にも遠征出動《えんせいしゅつどう》しています。日本《にほん》でも、海外《かいがい》に派遣《はけん》されて活躍《かつやく》するチームが増《ふ》えてきました。

西方《にしかた》さんたちは、できるだけ地域《ちいき》に密着《みっちゃく》した活動《かつどう》をしたい、地域《ちいき》の人々《ひとびと》のためのレスキュー隊《たい》として働《はたら》きたいと思《おも》っています。

「自分《じぶん》たちの犬《いぬ》が自分《じぶん》たちを、そして、近所《きんじょ》の人《ひと》たちを、地域《ちいき》の人《ひと》たちを助《たす》け、また、近隣《きんりん》の街《まち》へ出動《しゅつどう》し、社会《しゃかい》の役《やく》に立《た》つ。地域《ちいき》に根《ね》ざした活動《かつどう》こそが、みんなに喜《よろこ》ばれ、受《う》け入《い》れられるのではないだろうか」

レスキューチームの発足《ほっそく》は、そのような目標《もくひょう》に、また一歩《いっぽ》近《ちか》づくことになりました。

＊　＊　＊

「災害救助犬十日町《さいがいきゅうじょけんとおかまち》」の出動《しゅつどう》に対して、行政《ぎょうせい》からの資金援助《しきんえんじょ》は一切《いっさい》ありません。訓練費《くんれんひ》も派遣費《はけんひ》も、すべて自費《じひ》でまかなわれています。活動《かつどう》に対《たい》して報酬《ほうしゅう》を求《もと》めることはなく、すべてボランティアとしての活動《かつどう》です。

西方《にしかた》さんたちは救助犬《きゅうじょけん》チームの発足《ほっそく》に合《あ》わせ、無線機《むせんき》、衣類《いるい》、道具類《どうぐるい》なども自分《じぶん》たちで購入《こうにゅう》しました。犬《いぬ》の育成訓練費《いくせいくんれんひ》、そして、出動《しゅつどう》の経費《けいひ》などを合《あ》わせると、一人《ひとり》で年間《ねんかん》四十万円以上《まんえんいじょう》かかります。ボランティアで続《つづ》けていくには、時間的《じかんてき》にも経費面《けいひめん》でも負担《ふたん》が大《おお》きいのです。

けれども、この活動《かつどう》を始《はじ》めて、犬《いぬ》というのは、人間《にんげん》のために能力《のうりょく》を発揮《はっき》して働《はたら》くのが好《す》きなことが実感《じっかん》できました。それなら、その能力《のうりょく》を最大限《さいだいげん》に発《はっ》揮《き》できるよう、無駄《むだ》にしないよう、できるかぎり体制《たいせい》を整《ととの》えたいと、西方《にしかた》さんとチームの仲間《なかま》は思《おも》っています。

一九九七年《ねん》に十六人《にん》で発足《ほっそく》させた「災害救助犬十日町《さいがいきゅうじょけんとおかまち》」は、レスキューチームが加《くわ》わり、総勢《そうぜい》二十二人《にん》となりました。

また、訓練《くんれん》の成果《せいか》が実《みの》り、災害救助犬《さいがいきゅうじょけん》の認定審査《にんていしんさ》でも、次々《つぎつぎ》に合格《ごうかく》しています。山林捜索《さんりんそうさく》の第《だい》一種《しゅ》に認定《にんてい》されたのがパイロン、トム、クー、ジェイソンの四匹《ひき》。倒壊家屋捜索《とうかいかおくそうさく》の第《だい》二種《しゅ》に認定《にんてい》されたのがスーロン。また、トマトに次《つ》いで、グレースが第《だい》一種《しゅ》と第《だい》二種《しゅ》に合格《ごうかく》し、第《だい》三種認定犬《しゅにんていけん》として表彰《ひょうしょう》されました。

これまで、シェパード、ラブラドール、ゴールデン・レトリーバーの七匹《ひき》が、厳《きび》しい審査《しんさ》を突破《とっぱ》しているのです。

（トマト、聞《き》いているかい？　レスキューチームを作《つく》ることにしたんだよ。なんだか、ますます忙《いそが》しくなりそうだなあ。でも、ここまで来《き》たら、とことんやってみるよ。応援《おうえん》してくれるよな、トマト……）

西方《にしかた》さんはトマトの人《ひと》なつっこい顔《かお》を思《おも》い出《だ》しては、いつも話《はな》しかけています。

救助犬《きゅうじょけん》としての能力《のうりょく》を開花《かいか》させ、たくさんの人《ひと》たちの役《やく》に立《た》ったトマトは幸《しあわ》せだったと、西方《にしかた》さんはようやく、心《こころ》から思《おも》えるようになりました。

もともと人《ひと》を助《たす》けるための救助犬《きゅうじょけん》。トマトには申《もう》し訳《わけ》なかったという気持《きも》ちは残《のこ》りますが、人《ひと》を助《たす》けるために犬《いぬ》と猫《ねこ》を預《あず》かったこと、これは、もしかしたら使命《しめい》だったし、トマトにとっても運命《うんめい》だったのかもしれないと思《おも》うようになったのです。

14　がんばれ！　二代目《だいめ》トマト

二〇〇五年《ねん》十月《がつ》。

中越地震《ちゅうえつじしん》から、ほぼ一年《ねん》が過《す》ぎました。大《おお》きな被害《ひがい》を受《う》けた被災地《ひさいち》では、まだ道路《どうろ》や橋《はし》などの復旧工事《ふっきゅうこうじ》が進《すす》められています。そして、まだ九千人《せんにん》もの人《ひと》が、仮設住宅《かせつじゅうたく》で避難《ひなん》生活《せいかつ》を送《おく》っていました。

十月《がつ》三十一日《にち》。

西方《にしかた》さんは藤田《ふじた》さんといっしょに、埼玉《さいたま》の大井《おおい》警察犬訓練所《けいさつけんくんれんじょ》に向《む》かいました。

初代《しょだい》トマトの母犬《ははいぬ》が、この訓練所《くんれんじょ》で生《う》まれ育《そだ》った優秀《ゆうしゅう》なワーキングドッグであったため、西方《にしかた》さんは二代目《だいめ》トマトについても、この訓練所《くんれんじょ》で生《う》まれた子犬《こいぬ》がほしいと頼《たの》んでいたのです。

その後《ご》、ドイツからやってきたオスのシェパードと交配《こうはい》させたメスが、無事《ぶじ》に八匹《ぴき》の子犬《こいぬ》を産《う》んだという知《し》らせをもらいました。親犬《おやいぬ》はどちらも優秀《ゆうしゅう》で、血統《けっとう》は申《もう》し分《ぶん》ありません。けれども、この日《ひ》、訓練所《くんれんじょ》を訪《たず》ねると、もう三匹《びき》しか残《のこ》っていませんでした。

「この子《こ》、どうでしょうか？」

訓練所《くんれんじょ》の堀内壽子《ほりうちとしこ》所長《しょちょう》が一匹《ぴき》を抱《だ》き上《あ》げました。

「おやおや……この顔《かお》、前《まえ》のトマトにそっくりだ」

「トマトと生《い》き写《うつ》しじゃないか……」

顔《かお》を見合《みあ》わせた西方《にしかた》さんも藤田《ふじた》さんも、目《め》を丸《まる》くしています。子犬《こいぬ》はあどけない表情《ひょうじょう》を見《み》せながらも、そのつぶらな瞳《ひとみ》は、何《なに》か言《い》いたそうに見《み》えました。

「待《ま》ってたよ。きっと、迎《むか》えに来《き》てくれるって」とでも言《い》いたげに、目《め》がキラキラしています。ふたりの到着《とうちゃく》を待《ま》ちわびていたかのようです。

「わたしが二代目《だいめ》のトマトよ」

三匹《びき》いっしょに遊《あそ》んでいる様子《ようす》をながめていると、その子犬《こいぬ》が一番《いちばん》むじゃきで、やんちゃそうです。災害救助犬《さいがいきゅうじょけん》は性格《せいかく》が明《あか》るく、人《ひと》と遊《あそ》ぶのが大好《だいす》きな犬《いぬ》が向《む》いています。

「よし、この子《こ》にしよう」

西方《にしかた》さんも藤田《ふじた》さんも、このメスの子犬《こいぬ》が一目《ひとめ》で気《き》に入《い》り、救助犬《きゅうじょけん》に育《そだ》てようという気持《きも》ちがわいてきました。

堀内所長《ほりうちしょちょう》も子犬《こいぬ》を手放《てばな》すことに快《こころよ》く同意《どうい》してくれ、その日《ひ》のうちに、車《くるま》に積《つ》んできた輸送用《ゆそうよう》のケージに入《い》れて、十日町市《とおかまちし》に連《つ》れて帰《かえ》ることになりました。

「ここまでトマトに似《に》ている子犬《こいぬ》がいるなんて、驚《おどろ》きだね」

「みんな、びっくりするだろうね……」

ふたりは店《みせ》のスタッフやチームのメンバーの顔《かお》を想像《そうぞう》すると、ワクワクせずにはいられませんでした。

＊　＊　＊

子犬《こいぬ》は初代《しょだい》トマトと同《おな》じジャーマン・シェパードの「ウルフ」という毛色《けいろ》で、黒《くろ》っぽい毛《け》でおおわれています。

生後《せいご》三ヵ月《げつ》で、まだまだかわいい盛《さか》り。成犬《せいけん》の堂々《どうどう》としたシェパードの姿《すがた》からは想像《そうぞう》できないほど、きゃしゃで愛《あい》らしく、その顔《かお》にはあどけなさがあふれています。

犬《いぬ》は環境《かんきょう》が変《か》わると、一～二週間《しゅうかん》はなじむのに時間《じかん》がかかると言《い》われています。けれども、スタッフの長谷川美幸《はせがわみゆき》さんも佐藤由美《さとうゆみ》さんも、犬《いぬ》の扱《あつか》いはお手《て》のもの。子犬《こいぬ》のトマトは、はじめの日《ひ》こそ何《なん》となく気後《きおく》れを感《かん》じているように見《み》えたものの、次《つぎ》の日《ひ》には、ふたりにすっかりなつき、そして、店《みせ》にいる犬《いぬ》たちにもなじんだようでした。

西方《にしかた》さんもスタッフも、早《はや》くなれてくれるようにと、できるだけ多《おお》く言葉《ことば》をかけ、たっぷりと遊《あそ》んであげて、不安《ふあん》やストレスを取《と》りのぞこうと一生懸《いっしょうけん》命《めい》でした。トマトの二代目《だいめ》を迎《むか》え入《い》れ、温《あたた》かく接《せっ》してあげたいという思《おも》いは、みんな同《おな》じでした。

「新《あたら》しい場所《ばしょ》にも人《ひと》にも、こんなに早《はや》く溶《と》け込《こ》んだ子犬《こいぬ》ははじめてじゃないかな」

「だいじょうぶですね。素直《すなお》でとてもいい子《こ》。初代《しょだい》のトマトのようになってくれるはずです」

西方《にしかた》さんもスタッフも、ニコニコしながらながめています。

トマトを取《と》りまく空気《くうき》はどこよりもやさしく、そんなトマトをだれもが心《こころ》からいとおしく思《おも》っていました。

＊　＊　＊

十一月九日《がっここのか》。

朝《あさ》から雨模様《あめもよう》です。

「せっかくのお披露目《ひろめ》の日《ひ》だというのに、雨《あめ》か……仕方《しかた》ないな。ようし、行《い》くぞ。トマト」

今日《きょう》は「災害救助犬十日町《さいがいきゅうじょけんとおかまち》」チームの訓練日《くんれんび》。十日町市《とおかまちし》のサンスポーツランド総合公園《そうごうこうえん》は、よく訓練《くんれん》に使《つか》う場所《ばしょ》です。小高《こだか》い丘《おか》の上《うえ》にある駐車場《ちゅうしゃじょう》に、メンバーの車《くるま》が次々《つぎつぎ》に集《あつ》まってきました。レスキューチームの新《しん》メンバー、小林啓介《こばやしけいすけ》さんと福原悟《ふくはらさとる》さんも来《き》ています。

スタッフの長谷川《はせがわ》さんと佐藤《さとう》さんが、トマトのケージを車《くるま》から降《お》ろしました。トマトにとってははじめての場所《ばしょ》。駐車場《ちゅうしゃじょう》のコンクリートは、冷《つめ》たくぬれています。案《あん》の定《じょう》、不安《ふあん》そうな表情《ひょうじょう》を見《み》せました。

「抱《だ》っこしてあげるから。だいじょうぶよ、トマト」

佐藤《さとう》さんが抱《だ》き上《あ》げると、その腕《うで》の中《なか》で心地《ここち》よさそうにしています。

訓練場《くんれんじょう》に来《き》たメンバーが目《め》ざとく見《み》つけ、集《あつ》まってきました。

「やあ、これはこれは。本当《ほんとう》に、ミニトマトだな」

「プチトマトって呼《よ》ぼうか」

小《ちい》さいトマトを見《み》たメンバーの塩川忠《しおかわただし》さんと横山穣《よこやまゆたか》さんがほほえみます。

「それにしても、初代《しょだい》のトマトに、そっくりだね」

「ちっちゃいけれど、足《あし》は太《ふと》くてたくましいぞ」

みんな、二代目《だいめ》のトマトを迎《むか》え入《い》れ、うれしくて仕方《しかた》がありません。

集《あつ》まった犬《いぬ》たちは、早速《さっそく》、飼《か》い主《ぬし》でもありハンドラーでもあるメンバーに連《つ》れられて、草《くさ》の上《うえ》に敷《し》かれた紙《かみ》に、ウンチをしています。訓練《くんれん》の前《まえ》、出動《しゅつどう》の前《まえ》には、必《かなら》ずオシッコとウンチをさせます。これも訓練《くんれん》の一《ひと》つなのです。

また、犬《いぬ》たちはお互《たが》いににおいをかいで回《まわ》っています。新入《しんい》りのトマトは、たちまち、みんなに囲《かこ》まれてしまいました。困《こま》った顔《かお》をしていますが、犬《いぬ》のあいさつなのですから、がまんしなければなりません。静《しず》かに犬同士《いぬどうし》の言葉《ことば》を伝《つた》え合《あ》っています。

雨《あめ》が強《つよ》くなり、トマトはしきりに、ク～ン、ク～ンと鼻《はな》を鳴《な》らしています。ぬれるのがいやなのでしょう。佐藤《さとう》さんがテントの中《なか》の囲《かこ》いに入《い》れると、足《あし》をふんばって柵《さく》を登《のぼ》り始《はじ》めました。

「おやおや、かんたんに乗《の》り越《こ》えてしまいそうだ。足《あし》が強《つよ》いぞ。だれかおさえていないと……」

やんちゃぶりを発揮《はっき》するトマトに、みんなの目《め》がくぎづけです。

「この子《こ》とは、じっくり向《む》き合《あ》っていきたいと思《おも》っているんですよ」

雨《あめ》の中《なか》の訓練《くんれん》。子犬《こいぬ》のトマトが西方《にしかた》さん（左《ひだり》から三人目《にんめ》）にだっこされています。

そばで、西方《にしかた》さんが目《め》を細《ほそ》めています。

「まず、半年《はんとし》ほどは、普通《ふつう》の子犬《こいぬ》と同《おな》じように育《そだ》てます。それから、社会性《しゃかいせい》を育《そだ》てるために、メンバーの家《いえ》を回《まわ》らせてもらって、だれにでもなつくようにさせるつもりです。本格的《ほんかくてき》な救助犬《きゅうじょけん》の訓練《くんれん》は、その後《あと》からですね。まず、人間《にんげん》を好《す》きになり、信頼関係《しんらいかんけい》ができてからです。たっぷり愛情《あいじょう》を注《そそ》ぎ、じっくりと時間《じかん》をかけて、いい災害救助犬《さいがいきゅうじょけん》に育《そだ》てるつもりです。初代《しょだい》のトマトに負《ま》けないくらい、立派《りっぱ》な救助犬《きゅうじょけん》に育《そだ》てますよ。それが、トマトの供養《くよう》になると信《しん》じていますから……」

「救助犬《きゅうじょけん》のピークは四歳《さい》から七歳頃《さいごろ》。チームとしても、後継《あとつ》ぎ犬《けん》を育《そだ》てることを、常《つね》に考《かんが》えておかなければなりませんね」

「このミニトマトが、がんばって引《ひ》き継《つ》いでくれるさ。われわれも、負《ま》けないようがんばりましょう」

西方《にしかた》さんの横《よこ》で、藤田《ふじた》さんと高橋《たかはし》さんが声《こえ》を合《あ》わせました。

「さあ、みんな待《ま》っている。そろそろ始《はじ》めましょうか」

西方《にしかた》さんと、二代目《だいめ》トマト。

この日《ひ》、参加《さんか》した救助犬《きゅうじょけん》のクーとクィールが、ハンドラーの指示《しじ》を今《いま》か今《いま》かと待《ま》っています。

雨《あめ》がますます強《つよ》くなり、吐《は》く息《いき》が白《しろ》く見《み》えるほど、気温《きおん》が下《さ》がってきました。けれども、黄色《きいろ》いユニフォーム姿《すがた》のハンドラーたちと、レスキュー隊《たい》のメンバーが、きびきびと動《うご》きます。救助犬《きゅうじょけん》たちも元気《げんき》いっぱい走《はし》り回《まわ》って、寒《さむ》さをふき飛《と》ばしています。

「さあ、来《こ》い！」

「待《ま》て！」

「止《と》まれ、ようし」

ハンドラーたちの大《おお》きな声《こえ》が、雨《あめ》の中《なか》で、何度《なんど》も響《ひび》きわたりました。

西方《にしかた》さんの胸《むね》にすっぽりと抱《だ》かれたトマトが、つぶらな目《め》で、みんなの姿《すがた》を追《お》っています。

トマトの小《ちい》さな体《からだ》の温《ぬく》もりが、西方《にしかた》さんの心《こころ》にも伝《つた》わってきました。

「トマト、いいかい？　救助犬《きゅうじょけん》になるための訓練《くんれん》は大変《たいへん》だけれど、いっしょにがんばろうな。なあに、心配《しんぱい》ないさ。いつだって、おまえの先輩《せんぱい》のトマトが、天国《てんごく》から見守《みまも》っていてくれるんだから……」

後継《あとつ》ぎトマトは、きょとんとした顔《かお》でしたが、それでも「ワン！」と元気《げんき》な声《こえ》を出《だ》しました。

（おわり）

あとがき

「新潟中越地震《にいがたちゅうえつじしん》：名災害救助犬《めいさいがいきゅうじょけん》『トマト』死《し》す――環境変化《かんきょうへんか》でストレス性胃《せいい》捻転《ねんてん》」。

二〇〇五年四月《ねんがつ》はじめ、ネットに取《と》り上《あ》げられたニュースで、「災害救助《さいがいきゅうじょ》犬十日町《けんとおかまち》」チームのエース犬《けん》「トマト」が死《し》んだことを知《し》りました。

死後《しご》、五ヵ月《げつ》もたってから、このようなニュースになったことを不思議《ふしぎ》に思《おも》うと同時《どうじ》に、災害救助犬《さいがいきゅうじょけん》としての一生《いっしょう》に興味《きょうみ》がわき、また、トマトと周囲《しゅうい》の人《ひと》たちとのふれあいがどのようなものであったのか、もっといろいろなことを知《し》りたいと思《おも》いました。

ネットに紹介《しょうかい》された写真《しゃしん》から、出動先《しゅつどうさき》で働《はたら》く勇敢《ゆうかん》な姿《すがた》のトマトが目《め》に浮《う》かぶのですが、死《し》ぬ間際《まぎわ》のさびしそうな顔《かお》と交錯《こうさく》してしまいます。トマトのすべてを知《し》りたいという気持《きも》ちが、次第《しだい》に抑《おさ》えられなくなりました。

早速《さっそく》、西方《にしかた》さんに取材《しゅざい》のお願《ねが》いをしたところ、快《こころよ》い返事《へんじ》をいただくことができました。オーストラリアのキャンベラに住《す》んでいるため、すぐには取材《しゅざい》に行《い》けないことを伝《つた》えると、「それでは、まず資料《しりょう》を送《おく》りましょう」とのこと。二週間後《しゅうかんご》、チームの活動《かつどう》の写真《しゃしん》を収《おさ》めた何冊《なんさつ》ものアルバム、救助犬《きゅうじょけん》の活躍《かつどう》や地域《ちいき》への貢献《こうけん》について取《と》り上《あ》げられた新聞記事《しんぶんきじ》のコピー、雑誌《ざっし》などが、ダンボール箱《ばこ》で届《とど》きました。

その大《おお》きな箱《はこ》には、「トマトの生《い》き様《ざま》を通《とお》して、災害救助犬《さいがいきゅうじょけん》チームの存在《そんざい》や活動《かつどう》についても、たくさんの人《ひと》に理解《りかい》してもらえたら」という、西方《にしかた》さんの気持《きも》ちがびっしりと詰《つ》まっているように感《かん》じられました。

十一月《がつ》、ようやく一時《いちじ》帰国《きこく》できることになり、十日町《とおかまち》市《し》をはじめて訪《たず》ねました。トマトとの出会《であ》いから別《わか》れまで、また、チームの活動《かつどう》などについて、西方《にしかた》さんは率直《そっちょく》な気持《きも》ちを語《かた》ってくださいました。

けれども、時折《ときおり》見《み》せる表情《ひょうじょう》や言葉《ことば》の端々《はしばし》から、トマトの突然《とつぜん》の死《し》に対《たい》する悲《かな》しみが、一年《ねん》たってもなお癒《いや》されていないことを感《かん》ぜずにはいられませんでした。

十日町市《とおかまちし》ではこの時《とき》、小学生《しょうがくせい》の男児《だんじ》が行方不明《ゆくえふめい》になっており、警察《けいさつ》や消防署《しょうぼうしょ》が中心《ちゅうしん》となって捜索《そうさく》が行《おこ》なわれていました。

「会《あ》う人会《ひとあ》う人《ひと》に、男《おとこ》の子《こ》は見《み》つかりましたか、捜索《そうさく》はどうなっていますかと聞《き》かれたのですが、実《じつ》は、私《わたし》は何《なに》も知《し》らなかったんですよ……」

西方《にしかた》さんが釈然《しゃくぜん》としない顔《かお》で、いきさつを説明《せつめい》してくれました。地元《じもと》の人《ひと》たちは、「災害救助犬十日町《さいがいきゅうじょけんとおかまち》」が当然《とうぜん》、捜索隊《そうさくたい》に加《くわ》わっているのだと思《おも》っていたのです。けれども、実際《じっさい》は、行方不明《ゆくえふめい》の情報《じょうほう》も伝《つた》えられず、出動要請《しゅつどうようせい》も出《で》ていませんでした。

「災害救助犬十日町《さいがいきゅうじょけんとおかまち》」は民間《みんかん》の支援団体《しえんだんたい》なので、地元《じもと》の行政《ぎょうせい》の許可《きょか》や、警察《けいさつ》か消防署《しょうぼうしょ》から「出動《しゅつどう》してほしい」と頼《たの》まれなければ、救助活動《きゅうじょかつどう》はできません。

西方《にしかた》さんのチームが出動《しゅつどう》したのは、五百人《ひゃくにん》もの捜索隊《そうさくたい》が動員《どういん》された二日目《ふつかめ》のことでした。

「捜索隊《そうさくたい》の人数《にんずう》は延《の》べ二千《せん》七百人《ひゃくにん》にも達《たっ》しています。でも、人数《にんずう》が多《おお》いということは、言《い》い換《か》えれば、においを探《さが》す救助犬《きゅうじょけん》にとっては、現場周辺《げんばしゅうへん》が荒《あ》らされているということ。もっと早《はや》く救助犬《きゅうじょけん》が出動《しゅつどう》していたら、捜索《そうさく》もスムーズにいったかもしれませんが……」

結局《けっきょく》、その男児《だんじ》は行方不明《ゆくえふめい》から一週間後《しゅうかんご》、自宅《じたく》から四キロ離《はな》れた市内《しない》の中《なか》手川《てがわ》で遺体《いたい》となって発見《はっけん》されました

このように、人間側《にんげんがわ》の連携《れんけい》のまずさで、せっかくの犬《いぬ》の能力《のうりょく》が生《い》かされなかったとしたら、非常《ひじょう》に残念《ざんねん》なことと言《い》わざるを得《え》ません。

「災害救助《さいがいきゅうじょ》に携《たずさ》わる機関《きかん》の連携《れんけい》をはかり、救助犬受《きゅうじょけんう》け入《い》れの体制《たいせい》を整《ととの》えてもらう必要《ひつよう》がありますね」

今後《こんご》の課題《かだい》に積極的《せっきょくてき》に取《と》り組《く》んでいこうとする、西方《にしかた》さんの力強《ちからづよ》い言葉《ことば》が印象《いんしょう》に残《のこ》りました。

この本《ほん》では、そんな西方《にしかた》さんの熱《あつ》い思《おも》いを汲《く》み、災害救助犬《さいがいきゅうじょけん》の卓抜《たくばつ》した能力《のうりょく》や、災害救助《さいがいきゅうじょ》に取《と》り組《く》む人《ひと》たちの精力的《せいりょくてき》な活動《かつどう》を描《えが》くことで、災害救助犬《さいがいきゅうじょけん》の実態《じったい》を広《ひろ》く知《し》ってもらいたいと思《おも》いました。また、人間と動物の絆、人間《にんげん》と動物《どうぶつ》がいっしょに暮《く》らすことの意味《いみ》などについて、考《かんが》えるきっかけになればという願《ねが》いも込《こ》めました。

この本《ほん》の執筆《しっぴつ》にあたり、たくさんの方々《かたがた》のご協力《きょうりょく》をいただきました。快《こころよ》く取材《しゅざい》に応《おう》じてくださり、たびたびのメールでの問《と》い合《あ》わせにも、丁寧《ていねい》な返事《へんじ》をくださった西方《にしかた》さんご夫妻《ふさい》、そして、西方《にしかた》さんが経営《けいえい》する犬猫専門店《いぬねこせんもんてん》「D《ディー》TS《ティーエス》ケンネル」のスタッフの長谷川《はせがわ》さんと佐藤《さとう》さん、本当《ほんとう》にどうもありがとうございました。

そして、取材《しゅざい》に合《あ》わせて、救助犬《きゅうじょけん》の服従訓練《ふくじゅうくんれん》、レスキュー隊《たい》による訓練《くんれん》などを見《み》せてくださった「災害救助犬十日町《さいがいきゅうじょけんとおかまち》」の皆《みな》さまに、心《こころ》より感謝申《かんしゃもう》し上《あ》げます。

最後《さいご》に、二代目《だいめ》トマトがすくすくと成長《せいちょう》し、初代《しょだい》トマトのような災害救助犬《さいがいきゅうじょけん》になれるように、また、地元《じもと》の人々《ひとびと》にとって、災害時《さいがいじ》の頼《たの》もしい存在《そんざい》であるように願《ねが》っています。

二〇〇六年《ねん》三月《がつ》　キャンベラにて　池田《いけだ》まき子《こ》

＜著者紹介＞
池田まき子（いけだ　まきこ）
1958年秋田県生まれ。雑誌の編集者を経て、1988年留学のためオーストラリアへ渡って以来、首都キャンベラ市に在住。フリーライター。
著書に「3日の命を救われた犬ウルフ」「車いすの犬チャンプ」（当社刊）、「生きるんだ！ラッキー・山火事で生きのこったコアラの物語」（学習研究社）、「オーストラリア先住民・アボリジニのむかしばなし」（新読書社）、「花火師の仕事」（無明舎出版）、訳書に「すすにまみれた思い出・家族の絆をもとめて」（金の星社／産経児童出版文化賞受賞）などがある。

＜取材協力＞
民間支援団体　災害救助犬十日町
〒948-0029　新潟県十日町市上川町694-1　TEL／FAX　0257-57-6538
ホームページ http://www.dtskennel.com/rescue.htm

＜写真提供＞
災害救助犬十日町
MOBILE CITY
田中俊憲
池田まき子

見返しイラスト――すーぽー
カバーデザイン――サンク

新潟《にいがた》の人々《ひとびと》とペットを救《すく》った名犬物語《めいけんものがたり》
出動《しゅつどう》！災害救助犬《さいがいきゅうじょけん》トマト

平成18年5月8日　第1刷発行

ISBN4-89295-535-3 C8093
発行者　日高裕明
発行所　ハート出版
〒171-0014
東京都豊島区池袋 3-9-23
TEL・03-3590-6077　FAX・03-3590-6078
ハート出版ホームページ http://www.810.co.jp/

印刷　中央精版印刷

編集担当／藤川すすむ

ドキュメンタル童話・犬シリーズ

本体価格各 1200 円

- 帰ってきたジロー　綾野まさる
- 捨て犬ポンタの遠い道　桑原崇寿
- 3本足のタロー　桑原崇寿
- おてんば盲導犬モア　今泉耕介
- 実験犬ラッキー　桑原崇寿
- 名優犬トリス　山田三千代
- 聴導犬捨て犬コータ　桑原崇寿
- 盲導犬ベルナシリーズ全3巻　郡司ななえ
- 盲導犬チャンピィ　桑原崇寿
- 身障犬ギブのおくりもの　桑原崇寿
- 赤ちゃん盲導犬コメット　井口絵里
- 実験犬シロのねがい　井上夕香
- 瞬間接着剤で目をふさがれた犬 純平　関朝之
- 幸せな捨て犬ウオリ　マルコ・ブルーノ
- タイタニックの犬ラブ　関朝之
- 捨て犬ユウヒの恩返し　桑原崇寿
- 介助犬武蔵と学校へ行こう！　綾野まさる
- 救われた団地犬ダン　関朝之
- 走れ！犬ぞり兄弟ヤマトとムサシ　甲斐望
- 学校犬クロの一生　今泉耕介
- 2本足の犬 次朗　桑原崇寿
- のら犬ティナと4匹の子ども　関朝之
- 郵便犬ポチの一生　綾野まさる
- 高野山の案内犬ゴン　関朝之
- 昔の「盲導犬」サブ　新居しげり
- ほんとうのハチ公物語　綾野まさる
- ガード下の犬ラン　関朝之
- のら犬ゲンの首輪をはずして！　関朝之
- 麻薬探知犬アーク　桑原崇寿
- アイヌ犬コロとクロ　今泉耕介
- こころの介助犬天ちゃん　林優子
- 学校犬マリリンにあいたい　関朝之
- 聴導犬・美音がくれたもの　松本江理

以下、続々刊行